Hugo M. Enomiya-Lassalle
Zen und christliche Spiritualität

Hugo M. Enomiya-Lassalle

ZEN und christliche Spiritualität

Bearbeitet und herausgegeben von

Roland Ropers und Bogdan Snela

Kösel

CIP-Kurztitelaufnahme der Deutschen Bibliothek

Enomiya-Lassalle, Hugo M.:
Zen und christliche Spiritualität / Hugo M.
Enomiya-Lassalle. Bearb. u. hrsg. von Roland
Ropers u. Bogdan Snela. – München : Kösel,
1987
ISBN 3-466-20291-4

NE: Ropers, Roland [Bearb.]

Gesamtherstellung: Kösel, Kempten
Umschlag: Günther Oberhauser, München, unter Verwendung
einer Tuschzeichnung von Masanori Some, Tokyo
ISBN 3-466-20291-4

Inhalt

Einleitung der Herausgeber

Wenn ein Mensch in seinem 89. Lebensjahr noch unermüdlich zwischen Ostasien und Europa pendeln kann, so ist dies bei allem medizinischen Fortschritt in unserem Jahrhundert eine Ausnahmeerscheinung. Der Jesuitenpater und Zen-Meister Hugo Makibi Enomiya-Lassalle ist ein lebendiges Beispiel dafür, daß der Geist die wichtigste Wirkkraft in unserem Kosmos darstellt, die auch die physische Verfassung in guter Form zu halten imstande ist. Der reisende Apostel zwischen Ost und West wirkt als Zen-Meister und Meditationslehrer, als Religionsphilosoph und neuartiger Missionar, als Führer und Wegbereiter in das »Leben im neuen Bewußtsein«, wie eines seiner erfolgreichen Bücher (München 1986) heißt.

Im Umgang und im Dialog mit seinen Meditationsschülern wird die grenzüberschreitende Toleranz und die tiefe Weisheit des Meisters Enomiya-Lassalle deutlich. Er sucht sich seine Schüler und Gesprächspartner nicht nach eigenem religiösem Bekenntnis aus, sondern respektiert im voraus die unterschiedliche Glaubensheimat der einzelnen Menschen. In der Zen-Meditation unter Führung von Enomiya-Lassalle findet jeder zu seiner ursprünglichen Religiosität zurück: Immer wieder macht Pater Enomiya-Lassalle darauf aufmerksam, daß die Begegnung mit Gott, die Erfahrung des Absoluten ein Wirkungsprinzip ist, das in uns vorhanden ist. Wer diesem herausragenden Ordensmann jemals begegnet ist, spürt die spirituelle Dimension eines Menschen mit mystischer Erfahrung. In seiner Praxis als Zen-Meister erfährt man, daß die Erleuchtung das eigentliche Ziel des Zen und der »Zen-Unterweisung« ist, wie in seinem neuesten Text-Bild-Band unter diesem Titel (München 1987) seinen Kursen getreu geschildert wird.

Es freut uns daher, daß seine unermüdliche Aktivität für die geistige Erneuerung unserer Zeit mit dem vorliegenden Buch

erneut verdeutlicht werden kann. Wie schon mehrmals in den letzten 25 Jahren, gelingt es auch in diesem Buch Enomiya-Lassalle in eindrücklicher Weise, das Christentum und das Zen in ihrem tiefsten Gehalt religionsphilosophisch gegenüberzustellen und die vielen Gemeinsamkeiten auf dem Erfahrungsweg zur letzten Wirklichkeit anschaulich darzustellen. In seinen Interpretationen im vorliegenden Buch, das einige vergriffene Texte zusammenfaßt und diese mit neueren ergänzt, beschäftigt sich Enomiya-Lassalle seit Jahrzehnten mit der Verträglichkeit des Zen mit dem Christentum und zeigt, daß das »Zen unter Christen« (I) seinen guten Platz finden kann: Die Integrierung des neuen Bewußtseins erfolgt durch die östliche Meditation viel konsequenter als je zuvor.
Wir beobachten eine neue Vierte Dimension nicht nur in der modernen Physik, sondern auch im religiösen Bereich. Von da aus muß man sich neue Gedanken über »Zen – Erleuchtungsweg und christliche Mystik« (II) machen. Das Zen ist ein großartiges Angebot für tieferfahrene christliche Spiritualität. Die Krise des westlichen Christentums kommt mit den herkömmlichen religiösen Praktiken nicht zur Ruhe. Die Zen-Meditation führt uns wieder zu bestimmten Traditionen der großen christlichen Mystik, die sich im Westen parallel zum Osten ähnlich wie das Zen entwickelt hat. Enomiya-Lassalle belegt dies mit Zitaten aus den Schriften der Mystiker.
Eine geradezu paradigmatische Bedeutung hat für Enomiya-Lassalle die Mystik seines geistigen Vaters, des Gründers des Jesuitenordens: »Zazen und die Exerzitien des Ignatius von Loyola« (III) weisen so viele Parallelen auf, daß die Christen gut beraten wären, aufgrund von unzähligen Übereinstimmungen zwischen diesen zwei Wegen der Mystik, sich wieder, wie einst Ignatius vor Jahrhunderten, aus ihrer geistigen Wüste auf den Weg der modernen Mystik zu begeben.
Nach Enomiya-Lassalle ist die Integration des Christentums mit dem Zen einer der plausibelsten Wege der Erneuerung des Christentums wie auch der ganz neuen Begegnung mit östlichen Religionen. Wie er in seinem Vorwort zu diesem Band gegen die

erneut auch aus seinen Reihen gemeldeten Bedenken betont, ist eine solche Integration nicht nur möglich, sondern vielleicht die einzige Hoffnung der religiösen Erneuerung in West und Ost.
Dieses Buch mit einigen vergriffenen und neueren Texten verdeutlicht das klare und seit langem schon durch seine Theorie und Praxis gezeichnete Profil Enomiya-Lassalles.
Wir geben dieses Buch in die Hände der Leser, in der Hoffnung, daß sie bei der Lektüre fruchtbare Stunden mit Pater Enomiya-Lassalle erleben.
Mögen wir auch auf diesem Weg noch lange an der Weisheit und Schaffenskraft des reisenden Apostels und Zen-Meisters teilhaben.

Roland Ropers, Düsseldorf
Bogdan Snela, München
1. April 1987 – am Fest des hl. Hugo

Vorwort

Obwohl in diesem Buch vorwiegend das Verhältnis von Zen und Christentum zur Sprache kommt, scheint es angebracht, am Anfang darüber einiges in kurzer Form ausdrücklich zu sagen. Bekanntlich hat das Zen seinen Ursprung in einer nicht-christlichen Religion, nämlich im Buddhismus. Darum stellt sich für Christen immer wieder die Frage, ob die Übung des Zen nicht eine Gefahr für ihr Christentum bedeute.

Es ist ja auch noch nicht so lange her, daß in christlichen Ländern Angebote dieser Art in größerer Zahl gemacht werden. Es fing an mit Hatha-Yoga, und heute werden wir geradezu mit Angeboten solcher Art überschwemmt. Am Anfang war es durchaus verständlich, daß zumal von seiten der christlichen Kirchen Bedenken geäußert wurden. Heute sind diese Bedenken geringer als im Anfang, bzw. man hat gelernt zu unterscheiden. Die Übung des Zen durch Christen ist keine Seltenheit mehr. Trotzdem werden auch gegen das Zen von christlicher Seite immer wieder Bedenken geäußert.

Ein mir bekannter, buddhistischer Zenmeister, der viele Christen, darunter auch Priester und Ordensschwestern, zu seinen Schülern bzw. Schülerinnen zählt, hat auf diese Frage die Antwort gegeben, daß Zen nicht im gleichen Sinn Religion sei wie das Christentum und daher auch mit anderen Religionen nicht im Widerspruch stehe. Er fügt freilich hinzu, daß die meisten buddhistischen »Sekten« Religion seien, daß aber das Zen in dieser Beziehung ganz anders sei insofern nämlich, als die Zen-Erfahrung, d.h. die Erleuchtung nicht geschmückt sei mit irgendwelchen Gedanken oder Philosophien.

Es ist nun eine Tatsache, daß allgemein ein Unterschied zwischen den östlichen d.h. asiatischen und westlichen Religionen sozusagen in der Struktur besteht. In den westlichen Religionen, d.h. Judentum und Christentum, wird immer schon vor allem das

Wort und die Lehre stark betont, und das in dem Maße, daß damit ihre Existenz eng verbunden ist. Dem gegenüber werden die Religionen Asiens, wenn sie auch eine bestimmte Lehre haben, viel mehr als »Wege« betrachtet. Man braucht nur an das Wort »Tao« zu denken. Im Japanischen heißt es »do«, das »Weg« bedeutet. Im Johannes-Evangelium steht am Anfang (1,1): »Im Anfang war das Wort . . ., das Wort war Gott . . ., das Wort ist Fleisch geworden« (1,14). Dem gegenüber heißt es im Anfang des Tao Te King:

»Der Weg, von dem wir sprechen können,
ist nicht der ewige Weg;
der Name, den wir nennen können,
ist nicht der ewige Name.
Das Namenlose ist der Anfang
von Himmel und Erde;
Das Namentragende ist die Mutter
der zehntausend Dinge.«

Merkwürdigerweise vollzieht sich gegenwärtig bei uns im Westen ein Wandel in dem Sinne, daß der Mensch nicht mehr das Wort hat und daran glaubt, sondern die religiöse Erfahrung sucht. Eine christliche Philosophie oder Theologie spricht viele westliche Christen nicht mehr an, so daß sie »davon leben können«. Sie suchen eben die religiöse Erfahrung. Wenn man das bedenkt, so versteht man die Neigung und noch mehr die Faszination, die das Zen für viele Menschen hat. Es geht keineswegs darum, das Christentum mit dem Buddhismus zu vertauschen. Natürlich gibt es auch Ausnahmen, zumal bei Menschen, die ihr angestammtes Christentum bereits verloren haben.
Aber abgesehen von der Struktur steht die Übung der Zenmeditation nicht im Widerspruch zum Christentum. Das versteht sich, wenn wir die Art und Weise des Vollzuges der Zen-Meditation betrachten. Es ist nichts darin, das dem Christentum widerspricht. Der Vollzug besteht bekanntlich in drei Dingen, nämlich in einer bestimmten Körperhaltung und Atmung und einer bestimmten inneren, d.h. geistigen Haltung. Was das erste und

zweite betrifft, so ist das offensichtlich; denn Körperhaltung und Atmung haben nichts mit einer bestimmten Weltanschauung oder Religion zu tun. Was die innere Haltung betrifft, so besteht sie wesentlich im Nicht-Denken, indem man sich auf keinen Gedanken einläßt oder sich auf den Atem konzentriert, indem man den Atem zählt oder ihn beobachtet. Das dritte, die Übung mit einem Kōan, ist etwas anderes als die Begebenheit, die dort berichtet wird. Diese ist oft und sogar meistens aus der Welt des Buddhismus genommen. Das ergab sich von selbst zu der Zeit, in der die Begebenheit stattfand. Vom Wesen des Kōan her gesehen, könnte die Begebenheit auch aus dem Bereich des Christentums genommen sein. So gibt es viele Aussprüche Jesu, die einen Widerspruch zu enthalten scheinen. Grundsätzlich könnte man viele Bibelworte als Kōan benutzen. Manche Zenmeister tun das auch. Es dürfte aus dem Gesagten ersichtlich sein, daß der Vollzug des Zazen nicht mit einer bestimmten Religion verbunden, bzw. an eine solche gebunden ist. Wohl können die Auswirkungen unterschiedlich sein, je nachdem, wie man die Übung des Zen mit einer Religion verbindet: z. B. ein Christ mit dem Christentum oder ein Buddhist mit dem Buddhismus. Dadurch kann in beiden Fällen die Übung des Zen bereichert werden.

Das Gesagte gilt auch für die Erleuchtung. Auch das möge ein wenig verdeutlicht werden. Was im wesentlichen die Erleuchtung ist, wurde an anderer Stelle dieses Buches ausführlich besprochen. Es ist, kurz gesagt, die Erfahrung des Absoluten, die nicht jeder Mensch irgendeinmal hat. Sie geht über das normale Wissen hinaus und ist nicht ein Mehrwissen gegenüber dem Wissen, das man vorher hatte. Insofern ist sie leer. Dementsprechend wird sie im Buddhismus auch Ku, d. h. Leere genannt. Positiv könnte man sie auch die Fülle nennen. Daher kann man sie begrifflich auch nicht ausdrücken. Daraus folgt z. B., daß man kein Buddhist zu sein braucht, um diese Erfahrung zu machen, wie bisweilen behauptet worden ist.

Andererseits wird man damit auch nicht automatisch Buddhist, und so wird auch nicht das Christentum, der Glaube an Gott und alles, was damit zusammenhängt, automatisch ausgelöscht. Es ist eher umgekehrt. Wenn z. B. ein Christ, der in seinem Glauben an Gott verunsichert ist, die Erleuchtung erfährt, so werden diese Zweifel beseitigt, und er erfährt eine große Sicherheit und einen tiefen Frieden. Wohl aber kann es sein, daß seine falschen Vorstellungen von Gott korrigiert werden. Es gibt Menschen, auch Christen, die einen Glauben an Gott haben, der vielleicht sehr stark ist, die aber immer mit Gott hadern, wenn es ihnen schlecht geht, und Gott für alles Unglück und Böse in dieser Welt verantwortlich machen, weil er allmächtig ist. Solchen Menschen gegenüber hilft kein Zureden. Wenn sie dann – was zwar sehr unwahrscheinlich ist, solange sie so eingestellt sind, trotz allem eine Erleuchtung bekommen, werden sie inne, daß sie eine falsche Vorstellung von Gott haben. So kann es geschehen, daß sie zu dem wahren Gott finden, den man sich gar nicht vorstellen kann, und trotz aller Schicksalsschläge nicht mehr an Gott irre werden. Allgemein gesagt, kann Zen, wenn es richtig geübt wird, einem Christen helfen, eine echte Gotteserfahrung zu erleben. Normalerweise ist die Voraussetzung dafür natürlich, daß er zunächst seine falschen Vorstellungen von Gott überwindet. Viele Zen praktizierende Christen erleben die Eucharistiefeier, die während des Zenkurses täglich gehalten wird, ganz anders und zwar viel eindrucksvoller, als wenn sie der Eucharistiefeier am Sonntag in ihrer Pfarrkirche beiwohnen. Andere dagegen haben den Eindruck, daß sie sich von dem entfernten, was sie bisher bei der Eucharistie positiv erfahren haben.

Wollen wir nun einen Schritt weiter gehen und nicht bei der negativen Feststellung stehenbleiben, daß das Zen für die Christen im Westen keine Gefahr bedeutet, und auch eine positive Auswirkung betrachten, die für den westlichen Menschen sehr zeitgemäß ist, dann sei darauf hingewiesen, daß sich die ganze Menschheit gegenwärtig in dem Prozeß einer Bewußtseinsveränderung befindet. Wir haben an anderer Stelle ausführlich darüber gesprochen (vgl. Leben im neuen Bewußtsein, München 1986). Offensichtlich ist nämlich diese Tatsache bedeutend fühlbarer im westlichen Menschen als im Osten, sogar

Japan eingerechnet, das auf anderen Gebieten weiter ist als andere Völker im Osten.
Seitdem das begriffliche oder rationale Denken vor etwa 3000 Jahren in Europa seinen Anfang nahm und, einmal voll entwikkelt, auf dem Gebiete der Wissenschaft und Technik so Großes geleistet hat, hat es längst eine Dekadenz gezeitigt. Das bedeutet zwar nicht, daß der Mensch auf diesen Gebieten zurückgegangen sei. Im Gegenteil geht es mit der neuen Physik in Riesenschritten weiter, indem sie ganz neue Möglichkeiten eröffnet hat, wie jedermann weiß. Leider hat sich das zu einem sehr großen Teil und sogar bei weitem zum größten Teil auf dem Sektor der Waffenindustrie ausgewirkt, in solchem Maße, daß die Menschheit heute imstande ist, sich selbst zu vernichten. Es kann heute noch niemand mit Sicherheit voraussagen, daß das nicht geschehen wird. Man kann wohl sagen – so wenigstens scheint uns – daß wir dessen erst dann sicher sind, wenn das neue Bewußtsein von der Menschheit oder wenigstens einem Großteil der Menschheit integriert ist. Dazu aber kann eine Meditationsweise wie das Zen beitragen. Man sollte gar nicht so besorgt sein um die Unterschiede der Religionen, die ohnehin etwas Gemeinsames haben, viel wichtiger ist, alles daran zu setzen, daß die Gegensätze überwunden werden und ein gemeinsames Arbeiten einsetzt in allen Klassen der Menschen und auch in allen Religionen.
Das aber gilt vor allem für den westlichen Menschen, weil er das rationale Denken viel tiefer integriert hat als der östliche Mensch, der allgemein mehr intuitiv ist. Die Zenmeditation kann dem westlichen Menschen helfen, den extremen Dualismus zu überwinden, ohne dadurch irgend etwas positiv Gutes zu verlieren, das er besitzt. Es ist kein Zufall, daß ihn die östlichen Meditationsweisen wie das Zen so ansprechen. Glücklicherweise ist von seiten der Religionen selbst im großen Stil das Bemühen der Verständigung und Zusammenarbeit für das Wohl der Menschheit vorhanden. Natürlich können das die Religionen allein nicht schaffen. Die Mitarbeit derer, die die politische Macht haben, ist auch unbedingt erforderlich. Und noch ein Schritt weiter ist zu gehen – das kann nicht genügend betont

werden: Nämlich jeder einzelne Mensch muß sich selbst mitverantwortlich fühlen. Es darf nicht so sein, daß der Einzelmensch wünscht, es möchten einmal alle Kriege und alles, was damit zusammenhängt und ihm schaden kann oder ihn hindert, sein ruhiges Leben zu genießen, aufhören, und die Bemühungen darum denen überläßt, die die Macht haben. Wenn sich jeder einzelne in der ganzen Welt mitverantwortlich fühlte, dann erst könnten wir hoffen, daß in nicht allzu ferner Zukunft unser Leben auf dieser Erde ein besseres wird. Es wäre auch falsch zu denken: da man diese besseren Tage doch nicht mehr erleben würde, sich nicht um eine bessere Zukunft der Menschheit abzumühen. Im Gegenteil, wir, die wir jetzt in dieser Welt leben, sollten bereit sein, das zu erleiden, was erlitten werden muß, bis die Menschheit reif ist für den vollen Durchbruch des neuen Bewußtseins, das eine glücklichere Menschheit hervorbringt.

Hugo M. Enomiya-Lassalle
Tokyo, Dezember 1986

I

Zen unter Christen

Prolog

Schauen ist ein Wissen weiselos,
Das über der Vernunft bleibt allezeit.
Es kann sich zur Vernunft nicht neigen,
Und die Vernunft nicht zu ihm aufwärts steigen.
Verklärte Unweise ist ein Spiegel fein,
Darin Gott einstrahlt seinen ewigen Schein.
Unweise, die ist ohne Arten,
Darin alle Werke der Vernunft versagen.
Unweise ist Gott selber nit;
Doch ist sie das Licht, womit man sieht.
Die Unweisen wandeln im göttlichen Lichte,
Die sehen in sich eine große Wüste.
Unweise ist zwar über der Vernunft, doch ihrer
nicht bar.
Verwundern ist hienieden,
Ohne Verwundern ist das schauende Leben.
Unweise sieht, aber sie weiß nicht was;
Es ist über allem, nicht dies, nicht das.
Jetzt muß ich das Reimen lassen bleiben,
Soll ich das Schauen klar beschreiben.

Jan van Ruysbroek, Aus dem Buch von den zwölf Beginen
(Übersetzung von Willibrord Verkade OSB)

Ein kurzer Rückblick

Der Durchbruch nach dem Konzil

Im folgenden sollen die Ergebnisse, die aus der Verwendung östlicher Meditationsmethoden im christlichen Raum gewonnen werden konnten, besprochen und einige weiterschauende Perspektiven zur Erwägung vorgelegt werden[1]. Es vollzieht sich nämlich in dieser Frage eine beständige Entwicklung, die sowohl eine äußere wie eine innere Seite hat. Die östlichen Methoden sind in sich uralt. Ihre Anfänge liegen noch weit vor dem Auftreten des Christentums. Zum Teil sind selbst ihre Formen unverändert geblieben. Ein auf diesem Gebiet bewanderter Inder antwortete auf die Frage, was er von einer im Westen weitverbreiteten indischen Meditationsweise halte, prompt: »Das ist nichts Neues. Es ist alles schon in den Veden niedergeschrieben.« Auch die Zen-Meditation ist im wesentlichen so geblieben, wie sie schon vor tausend Jahren in ihrem Goldenen Zeitalter in China geübt wurde. Die 1700 Kōan (denkerisch nicht zu bewältigende Rätselworte) stammen fast alle aus dieser Zeit. Uns geht es jetzt aber gar nicht so sehr um die östliche Meditation an sich, sondern um ihre Relevanz im christlichen Raum. Und hier hat sich in einer relativ kurzen Zeitspanne sehr viel getan; manches hat sich dabei klarer herauskristallisiert. Das gilt sowohl von der Stellungnahme der Christen im allgemeinen und der Kirchen im besonderen als auch im Sinne der *Erfahrungen,* die auf christlicher Seite mit den östlichen Methoden gemacht wurden. Mit Christen sind in diesem Zusammenhang nicht nur Vertreter aller christlichen Konfessionen, die nicht-kirchlichen eingeschlossen, gemeint, sondern auch alle anderen aus dem christlichen Kulturkreis stammenden Menschen, selbst wenn sie das Christentum nicht mehr anspricht und sie keine Beziehungen mehr zu irgendeiner Kirche haben. Auch das sind ja oft ganz »christliche«

Menschen. Wir im Westen gehören alle dazu. Das stellt sich sofort heraus, wenn wir zum erstenmal versuchen, eine Zen-Meditation zu machen. Die Schwierigkeiten mit dem im Zen vorgeschriebenen Sitz zum Beispiel sind mit wenigen Ausnahmen allen Menschen im Westen gemeinsam.

Zu derselben Zeit, da die genannten Erfahrungen gemacht wurden, konnten durch beständigen Kontakt mit Zen-Meistern (besonders in Japan) und durch Gespräche mit anderen Experten östlicher Methoden (in Indien, Birma, Thailand und Korea) neue Einsichten ermöglicht und frühere vertieft werden. Am wichtigsten sind jedoch die Erfahrungen mit diesen Methoden im christlichen Raum. Denn trotz der Wichtigkeit theoretischer Erwägungen läßt sich auf diese allein hin die Frage der Relevanz östlicher Meditationsmethoden für Christen nicht entscheiden. Die Erfahrungen sind sogar viel wichtiger, da es um die praktische Anwendung der Methoden geht.

Tatsächlich hat sich in letzten Jahrzehnten manches gewandelt. Das gilt zunächst besonders von der Stellung der katholischen Kirche zu dieser Frage. Während dieses Zeitraumes tagte bekanntlich das Zweite Vatikanische Konzil (1962–1965). Noch in den 60er Jahren hat die offizielle Kirche eine ablehnende Haltung gegenüber der Verwendung von Meditationsmethoden nichtchristlicher Religionen eingenommen. Diese Haltung erklärte sich unter anderem daraus, daß eine aktive Beteiligung an Gottesdiensten anderer Religionen nicht gestattet war. Auf die Schwierigkeiten, die aus diesem Verbot zum Beispiel den japanischen Katholiken bezüglich der offiziellen Besuche der nationalen Shinto-Heiligtümer erwuchsen, und auf ähnliche Fälle können wir nicht näher eingehen. Das Konzil hat als offizielle Vertretung der Kirche in diesem ganzen Fragenkomplex eine fundamentale Änderung herbeigeführt. Was die Verwendung von meditativen und kontemplativen Methoden anderer Religionen betrifft, so werden im *Dekret über die missionarische Tätigkeit der Kirche* die kontemplativen Orden sogar angewiesen, diese Methoden womöglich zu integrieren. Es ist bezeichnend, daß mein Buch *Zen – Weg zur Erleuchtung,* das bald nach seinem Erscheinen wegen häretischer Tendenzen beanstandet worden war, noch während des Konzils von diesem Verdacht freigesprochen wurde, so daß Übersetzungen in andere Sprachen in Angriff genommen werden konnten. Die Zen-Kurse, die heute in vielen Ländern auch von christlicher Seite veranstaltet werden, wurden erst nach dem Konzil möglich. Gewiß haben schon viel früher Missionare Tage und Wochen in Zen-Klöstern zugebracht, um das Zen in seiner Theorie und Praxis kennenzulernen. Auch hat es schon vorher Zen-Meister gegeben, die in christliche Länder kamen, um dort Kurse zu geben, was allerdings in Amerika mehr als in Europa der Fall war. Aber man hat doch nie gehört, daß katholische Priester oder offizielle Vertreter anderer christlicher Bekenntnisse Zen-Kurse gehalten hätten. So etwas war eben damals noch nicht möglich. In Japan selbst haben wir damit in engem Rahmen schon kurz vor Beginn des Konzils angefangen. Im deutschsprachigen Raum wurde der Anfang im Jahre 1968 gemacht, nachdem ein Jahr zuvor, im Mai 1967, auf der unvergeßlichen Arzt-und-Seelsorger-Tagung in Schloß Elmau (Oberbayern, s. dazu meinen in diesem Band abgedruckten, neu bearbeiteten Vortrag, S. 68–93; 117–122) das Verlangen nach solchen Kursen von vielen Teilnehmern geäußert worden war. Als einmal der Anfang gemacht war, wurden die Kurse in den folgenden Jahren mit beständig wachsender Beteiligung fortgesetzt. Gegenwärtig ist die Nachfrage schon so groß, daß ihr aus Mangel an ausgebildeten Kräften nicht mehr vollkommen entsprochen werden kann. Oft reichen selbst die Räumlichkeiten nicht aus, um alle Bewerber aufzunehmen. Ganze Gruppen bitten um geschlossene Kurse zu den Wochenenden.

Dazu kommen andere östliche Methoden, die ebenfalls und sogar in noch größerer Zahl beansprucht werden, wie zum Beispiel die transzendentale Meditation. Die Verbreitung der östlichen Methoden im Westen gleicht schon fast einer Lawine. Trotzdem ist bisher die Zahl derer, die nur aus Neugierde und Modesucht kommen, verschwindend gering. Den meisten geht es doch um ein sehr ernstes Anliegen, das für sie selbst zentral und entscheidend ist.

Überraschende Wirkungen des Zen

Die Ergebnisse, die diese Meditationsformen im westlichen und speziell im christlichen Raum gezeitigt haben, sind nicht nur befriedigend, sondern übertreffen alle Erwartungen. Wenigstens können wir das bezüglich der Zen-Übungen bezeugen. Wie schon in meinem Buch *Zen – Weg zur Erleuchtung* berichtet, bin ich erst durch die eigenen guten Erfahrungen mit diesen Übungen auf den Gedanken gekommen, auch anderen zu solchen Übungen Gelegenheit zu geben. Über die *Wirkungen* der Zen-Übungen im allgemeinen wurde schon an anderer Stelle genügend berichtet. Hier interessieren uns mehr jene Wirkungen, die mit Rücksicht auf das Christliche festgestellt wurden. Das sind besonders zwei: eine *Befestigung im Glauben* und die *Öffnung eines Zugangs zu tieferem Gebet*. Zum ersteren ist auch die Tatsache zu rechnen, daß Christen, die nicht mehr an Gott glauben konnten, durch die Übung des Zen zum Glauben zurückfanden. Man spricht heute von verschiedenen Formen des Atheismus. Bei vielen Menschen ist es doch so, daß ihnen irgend etwas den Zugang zu Gott verstellt. Das kann zum Beispiel die Tatsache der Leiden in der Menschheit, wie Hunger und Krieg, sein. Aber es gibt auch andere Hindernisse, wie zum Beispiel allzu anthropomorphe Vorstellungen von Gott, wie sie viele Menschen aus der Jugend mitgenommen haben. Diese lösen sich auf dem Wege der Zen-Meditation gerade dadurch, daß das diskursive Denken zeitweilig eingestellt wird. Selbst denen, welche fest im Glauben stehen, stellen sich bei der heutigen Weltlage große Hindernisse für den Glauben in den Weg. Das Leben ist rastlos und geht fast ganz im Technischen und Materiellen auf. Für viele gibt es vielleicht gar kein anderes Mittel zur Bewahrung des Glaubens als die Meditation.

Die Wirkung auf das Gebet ist besonders auffällig bei solchen Menschen, die sich um ein tieferes Gebet bemühen. Diese Erfahrung wurde sowohl in Japan als auch in anderen Ländern gemacht. Es sind naturgemäß zum größten Teil Priester und Ordensleute, die diese Erfahrung machen. Die letzteren sind von ihrer Ordensregel verpflichtet, täglich eine Betrachtung zu halten. Diese Vorschrift wurde zwar in vielen Ordensgemeinschaften gelockert, aber bei allen, die ihren Beruf ernst nehmen, bleibt doch das Verlangen bestehen, die für die Betrachtung vorgesehene Zeit aufs beste zu nützen. Viele von ihnen haben schon immer die Erfahrung gemacht, daß die anfänglich sehr fruchtbare Betrachtung mit aktiver Betätigung von Verstand und Wille und unter Zuhilfenahme der Phantasie auf die Dauer nicht befriedigt. Damit ist eine Betrachtungsweise gemeint, bei der über eine Schriftstelle, eine religiöse Wahrheit oder sonst einen religiösen Gegenstand nachgedacht und reflektiert wird, wobei es auf diesem Weg zu einem Dialog mit Gott kommen soll. Immerhin hat diese Art in der Vergangenheit den beabsichtigten Erfolg wohl bei den meisten Menschen, die sich aufrichtig bemühten, auch gehabt. Sie wurden dadurch in ihrem religiösen und sittlichen Leben gefördert. In den letzten Jahrzehnten ist dies, soweit wir feststellen konnten, nicht mehr im selben Maß der Fall. Es gibt nun aber gegenwärtig sehr viele Menschen, gerade unter den Ordensleuten, die an dem Punkt angelangt sind, wo sie anscheinend nicht mehr »weiterkommen«. Manche kommen aus diesem Grunde zum Zen. Sie erhoffen sich und finden meistens auch einen Zugang zu den tieferen Seelenschichten und damit zu einem tieferen Gebet. Das Zen und andere östliche Methoden lassen eben nicht über einen Gegenstand nachdenken, sondern im Gegenteil: man soll sich bemühen, von Gedanken frei zu werden. Sie sind – so kann man sagen – Versenkungswege. Damit sie wirksam werden, beanspruchen sie bei den meisten Menschen eine gewisse Dauer der Übung. Sie nehmen dafür in geschickter Weise eine bestimmte Sitz- und Atmungsweise und andere Techniken zu Hilfe. Was die Zen-Meditation betrifft, die das auch tut, so hat sie sich immer wieder bewährt. Natürlich hängt es von der Disposition des einzelnen ab, ob er längere oder kürzere Zeit braucht, um die gewünschte Wirkung zu erzielen. Das gilt sowohl für Asiaten als auch für westliche Menschen. Im ganzen tun sich jedoch die Asiaten begreiflicherweise leichter.

Mehr als im Osten interessiert im Westen auch die Frage, welche

Erfahrungen man in medizinischer Hinsicht bisher mit der Anwendung dieser Methoden gemacht hat. Aber das näher festzustellen, dazu ist es noch zu früh. Denn diese Methoden sind ursprünglich nicht für kranke, sondern für gesunde Menschen gedacht und dienen dazu noch einem religiösen Zweck. Das gilt besonders für das Zazen, das an einen Anfänger je nach Ort und Zeit hohe körperliche Anforderungen stellt. Es sollte daher nicht für Kranke verwendet werden, ohne das Urteil des Arztes gehört zu haben.

Wohl aber wäre zu fragen, wie sich diese Übungen bei Menschen ausgewirkt haben, die sie nicht mit dem ausdrücklichen Bemühen um den Zugang zu einem tieferen Gebet vollzogen haben. Es kommen ja viele Menschen zu den Übungen, die weder einem bestimmten religiösen Bekenntns noch einer religiösen Organisation angehören. Jedoch müssen wir uns hier darauf beschränken, auf die einschlägige Literatur hinzuweisen. Allgemein kann man auf Grund der Erfahrungen sagen, daß Zen-Übungen, konsequent und beharrlich durchgeführt, für den Menschen bereichernd sind. Sie wirken sich auf sein ganzes natürliches Menschsein im ethischen und religiösen Leben vorteilhaft aus. Das gilt zunächst für Japan, wo das Zen zu Hause ist. Aber dieselben Wirkungen konnten auch in den westlichen Ländern beobachtet werden.

Obwohl eine ausführliche oder auch nur innerhalb eines engen Rahmens endgültige Darstellung der Zen-Übungen bezüglich ihrer Wirkungen auf Kranke, besonders psychisch kranke Menschen, noch nicht möglich ist, möchten wir doch kurz auf einige Gespräche hinweisen, die in dieser Sache mit Wissenschaftlern geführt werden konnten. Im Westen ist die Hektik des Lebens durch seine Technisierung schon zu einer Belastung geworden, die für die meisten nicht mehr erträglich ist. Natürlich gibt es auch andere Mittel als die Meditation, um dieser Gefahr zu begegnen. Aber in den Gesprächen mit Ärzten stießen wir immer wieder auf die kategorische Forderung, daß die östlichen Meditationsweisen für die Therapie herangezogen werden sollten. Man fühlt sich anscheinend vor ein unlösbares Rätsel gestellt:

Einerseits wird das Leben für die Nerven des modernen Menschen immer belastender, andererseits läßt sich die Entwicklung in dieser Richtung nicht aufhalten. Wenn nicht Hilfe gefunden wird, geht der westliche Mensch auch ohne einen Atomkrieg zugrunde. In Ostasien ist die Situation noch nicht bis zu diesem SOS-Punkt verschärft, denn die Technisierung des Lebens ist in den meisten Ländern noch nicht in diesem hohen Maße durchgeführt. Japan bildet da wohl eine Ausnahme. Außerdem hat der Asiate, auch der Japaner, noch eine Reserve an Kräften, welche die drohende Gefahr noch aufhält. Daher empfindet der Japaner noch nicht im selben Maße wie der westliche Mensch die Notwendigkeit der Zen-Übungen und anderer Methoden, die ihn über die Not Herr werden lassen. Wohl ist in Japan aus anderen Gründen ein neues Interesse für diese Übungen wachgerufen worden.

In unserem Zen-Zentrum, das 1969 in der Nähe von Tokio seine Tätigkeit begonnen hat, sind es meistens gesunde und junge Menschen, die zu den Übungen kommen. Demgegenüber kommt im Westen wohl ein hoher Prozentsatz aus gesundheitlichen Gründen, wobei sich dann später oft herausstellt, daß die Meditation sie dem Religiösen nähergebracht hat. Diese Dinge hängen so eng miteinander zusammen, daß man sie praktisch gar nicht streng voneinander trennen kann. Ohne Zweifel ist jedenfalls, daß der westliche Mensch die östlichen Meditationsweisen bzw. -techniken für die psychische Gesundheit braucht, solange man nicht einen ebenso wirksamen Ersatz gefunden hat. Das autogene Training von Professor Schultz, der bekanntlich auch die östlichen Methoden für diese Erfindung herangezogen hat, hilft ja schon vielen Menschen. – Daß das Zen für die Gesundheit im allgemeinen gut ist, weiß man in Japan schon längst. Ebenso, daß die Zen-Mönche oft bis ins hohe Alter noch körperlich und geistig frisch sind. Vielleicht ist diese Tatsache zum guten Teil auf die durch diese Methode sehr geförderte Durchblutung des Körpers zurückzuführen. In Japan selbst ist übrigens das Interesse der Wissenschaft für das Zen in den letzten Jahren erheblich gewachsen.

Die gegenwärtige Diskussion

Verstand und Seelengrund

Trotz der beständig anwachsenden Nachfrage und der bereits gemachten guten Erfahrungen mit der östlichen Meditation und trotz eines besseren Verständnisses von seiten der christlichen Theologie und Spiritualität stehen wir immer noch in einer Diskussion bezüglich der *Opportunität* der Verwendung östlicher Meditationsmethoden im christlichen Raum. Merkwürdig ist, daß solche, die einen ablehnenden Standpunkt vertreten, oft keineswegs den Bestrebungen einer »neuen Theologie« ablehnend gegenüberstehen. Es gibt Leute, die in der Theologie bis hart an die Grenzen, die man heute noch zu wahren sucht, gehen. Führt man ihnen aber zur Befürwortung der östlichen Meditationsmethoden die tatsächlich bestehenden Übereinstimmungen mit der Lehre der christlichen Mystiker an, so lehnen sie auch deren Auffassungen in den betreffenden Punkten als christlich nicht zuverlässig ab. Manche von ihnen erachten es – so hat es den Anschein – für die christliche Meditation als wesentlich, daß dabei Verstand und Wille bewußt betätigt werden, was natürlich bei den tieferen christlichen Gebets- oder Meditationsweisen wie dem Gebet der Sammlung oder der Ruhe oder gar bei jener Art, die Johannes vom Kreuz als die »dunkle Beschauung« bezeichnet, nicht der Fall ist. Sie stellen also gleichzeitig mit den östlichen Methoden, zum Beispiel der Zen-Meditation, auch die bisherige Tradition der christlichen Mystik in Frage. Damit wollen sie gewiß nicht die christliche Mystik selbst ablehnen. Sie setzen anscheinend einen anderen Begriff der Mystik voraus als jenen, der in seiner Terminologie auf Pseudo-Dionysios vom Areopag bzw. die Neuplatoniker zurückgeht und im Mittelalter üblich war.

Nun ist es ja wahr, daß der *Begriff der Mystik* umstritten ist. Das gilt zunächst und auch verständlicherweise von einem Begriff, der nicht nur die christliche Mystik, sondern auch die der nichtchristlichen Religionen umfaßt und womöglich noch die Wünsche der Psychologen berücksichtigt. Es ist gewiß nicht leicht, einen Begriff der Mystik zu umreißen, der all das miteinschließt. Aber wie aus obigen Bemerkungen hervorgeht, ist der Begriff der Mystik selbst innerhalb des christlichen Bereichs nicht eindeutig. Dazu kommt die Tatsache, daß dieser Begriff wenigstens heute nicht allein vom Religiösen her festgelegt werden kann, sondern auch die Psychologie als Wissenschaft etwas mitzureden haben sollte. Carl Albrecht hat versucht, einen Begriff der Mystik zu bestimmen, der nicht nur die christliche Mystik und jene der nicht-christlichen Religionen einschließt, sondern gleichzeitig auch für die Wissenschaft annehmbar ist[2]. Eine kurze Darstellung wurde von mir auch in dem Büchlein *Meditation als Weg zur Gotteserfahrung* versucht.

Es ist natürlich nicht möglich, hier auf alle Einzelheiten der Diskussion einzugehen. Wir beschränken uns auf jene Fragen, die, obschon an anderer Stelle besprochen, nach dem jetzigen Stand der Dinge einer Ergänzung bedürfen. Wenn wir vorhin die Ansicht mancher Autoren erwähnten, daß die christliche Meditation notwendigerweise durch die bewußte Betätigung von Verstand und Wille geübt werden müsse, so soll das heißen, daß christliche Meditation immer die Aufgabe hat, das Offenbarungsgut verständlich zu machen und entsprechend im christlichen Leben zu verwirklichen, also zu leben. Sie muß sich daher mit diesem Offenbarungsgut befassen. Sie muß darüber nachdenken. – Was ist dazu zu sagen? Ist das allein christliche Meditation? Tatsache ist, daß der Christ in diesem Bemühen heute auf Schwierigkeiten stößt, die in der Vergangenheit nicht oder in geringerem Maße bestanden als gegenwärtig. Die Art der Schrifterklärung hat sich gewandelt. Die Texte sind nicht so, wie sie heute dastehen, geoffenbart worden, sondern sie sind das Ergebnis einer historischen Entwicklung. Die Evangelien wollen nicht wörtlich verstanden sein, wie wenn man die Worte Jesu mit Tonband aufgenommen hätte. Sie sind schon Interpretation. Sie sind Verkündigung einer Lehre, wie sie die Urkirche aus seinen

Worten heraus verstanden hat. Ähnliches gilt für die Berichte über die Ereignisse. Sie sind gefärbt. Das wird heute allgemein anerkannt.
Für den gläubigen Christen in der Vergangenheit lag die Sache anders. Für ihn war alles so, wie es dastand, geoffenbarte Wahrheit, an der nicht gerüttelt werden durfte. Hinzu kommt, daß heute die Glaubenswahrheiten neu interpretiert werden können, ohne daß die Kirche öffentlich und entscheidend dazu Stellung nimmt, wenigstens vorläufig nicht. All das hat für viele eifrige und glaubenstreue Christen eine allgemeine »Verunsicherung« zur Folge gehabt. Für viele ist es sehr schwer geworden, sich zurechtzufinden. Und meist kann ein theoretisches Studium allein die ersehnte Sicherheit nicht herbeiführen. Daher müssen die Glaubenswahrheiten und die Heilige Schrift meditiert werden. Man muß sie sich meditierend zu eigen machen. Soweit ist alles gut und recht. Aber die Frage ist nun: Ist die intentionale Meditation, die durch die bewußte Tätigkeit von Verstand und Wille geübt wird, der einzige Weg, die Zweifel und Unsicherheiten zu überwinden und sich die Glaubenswahrheiten zu eigen zu machen? Ja, kann dieser Weg den heutigen Menschen überhaupt zu der ersehnten Sicherheit führen? Und weiterhin: Können alle Menschen in dieser Weise meditieren? Haben sie die Voraussetzungen dafür an Wissen und Geistesbildung?
Ein bedeutender Zen-Meister sagte einmal, das Zazen (Zen-Meditation) sei dazu da, sich die buddhistische Lehre einzuverleiben, sie sich wirklich zu eigen zu machen. Mit anderen Worten: Die Lehre nur mit dem Verstand zu erfassen, genügt nicht und gibt auch keine Sicherheit. Trotzdem wird beim Zazen weder über die buddhistische Lehre noch über irgend etwas anderes nachgedacht. Es wurde schon angemerkt, daß selbst Christen mit Hilfe der Zen-Meditation im Glauben gefestigt werden und viele Schwierigkeiten, die sie verstandesmäßig nicht lösen können, überwinden. Es ergibt sich hier ein sehr merkwürdiger Sachverhalt: Was durch die intentionale Meditation, bei der gedacht wird, erreicht werden soll, aber bei vielen Christen nicht erreicht wird, wird erreicht durch die Meditation einer nicht-

christlichen Religion, wobei nicht gedacht wird. Wie ist das zu erklären? Ein Grund dafür ist die Tatsache, daß im Westen die Ratio im religiösen Bereich zu einseitig herangezogen wurde. Mit anderen Worten: Soweit die natürlichen Kräfte in Frage kamen, wurden Verstand und Wille allein eingesetzt, um alle Probleme zu lösen. Das Übergewicht der Vernunft hat gewiß den Fortschritt in der Naturwissenschaft und Technik sehr gefördert und hat auch für das Christentum im Laufe der zweitausend Jahre seiner Entwicklung sein Gutes gehabt. Vielleicht war es sogar gut, daß dieser Prozeß sich schließlich bis zum Übermaß gesteigert hat.

Aber es gibt noch eine andere Erklärung, die viel wichtiger ist. Wir können sie nur kurz anführen. Es gibt nämlich außer Verstand und Wille noch eine dritte geistige »Fähigkeit«. Das ist der »Grund« selbst, der Seelengrund, aus dem alle geistigen Fähigkeiten hervorgegangen sind. Diese Wirklichkeit ist in den Hochreligionen Asiens immer anerkannt worden. Im Westen ist durch die Überbetonung der Ratio dieses dritte Organ der Geistseele verkümmert oder unfruchtbar geworden. Nun wird aber in den östlichen Meditationsmethoden dieser »Grund« angesprochen. Die religiösen Wahrheiten können überhaupt nicht heilsmäßig erfaßt werden außer in diesem »Grund«. Wenn nun der Christ diese Methoden praktiziert, so wird dieser »Grund« wieder fruchtbar, gewissermaßen regeneriert. Vielleicht könnte jemand daraus schließen: Also wird der Christ dann buddhistisch umgewandelt, oder es besteht wenigstens die Gefahr dazu. Aber das ist nicht so. Denn der Christ hat in seinem Unbewußten das ganze christliche Erbe, auch wenn er nicht bewußt darüber nachdenkt. Man könnte dieses Organ auch ein drittes Auge nennen, wie es Hugo von St. Viktor tat, der es das Auge der Beschauung nannte. In Wirklichkeit ist es so: Wenn ein Christ, der das ganze Christentum in sich trägt, viel Zazen übt, macht er nach einiger Zeit die Erfahrung, daß ihm christliche Wahrheiten und Schriftworte unerwartet buchstäblich aufleuchten. Er erfaßt sie in seinem »Grund«, was viel wertvoller ist als das Erfassen mit dem Verstand.

Offenbar ist das geist-seelische Gefühlsleben des modernen Menschen weitgehend verkümmert. Das macht ihm den religiösen Glauben schwer, wenn nicht unmöglich. Glaube ist ja nicht nur abstraktes Wissen, sondern ein Erfassen mit der ganzen Persönlichkeit[3]. Um aber diese Wirkung zu erzielen, müssen Verstand und Wille eine Zeitlang ihre Tätigkeit einstellen. So lehren die Zen-Meister und Gurus ebenso wie die Mystiker. Wenn der Seelengrund leichter zugänglich wäre, brauchten wir heute nicht nach Methoden anderer Religionen Ausschau zu halten. Diese aber benutzen in besonderer Weise Körperhaltung und Atmung, die wir im Westen als Hilfe für die Meditation kaum entwickelt haben.

Betrachtung und Tiefenmeditation

Unter dem Einfluß der Ignatianischen Exerzitien hat sich die gegenständliche Meditation oder Betrachtung, die vorwiegend mit Verstand und Wille vollzogen wird, stark verbreitet. Alle oder fast alle neueren Ordensgemeinschaften haben sie adoptiert und geübt. Zumindest wurde sie von den Ordensmitgliedern, solange sie noch in der Ausbildung waren, verlangt. Oft geschah es und geschieht es wohl auch noch so, daß man die Betrachtung morgens gemeinsam in der Kapelle macht. Zu Anfang wird ein Schrifttext gelesen, über den man nachdenken und entsprechende Anwendungen auf das eigene Leben machen soll, worauf zum Abschluß ein Zwiegespräch mit Gott folgt. Die kontemplativen Orden, die es schon gab, längst bevor die »Geistlichen Übungen« geschrieben wurden, haben andere Traditionen. Man bemüht sich zum Beispiel, nur an die Gegenwart Gottes im eigenen Herzen zu denken. Es wird also nicht in der Weise wie vorhin gedacht. Diese Art steht offenbar der Beschauung näher als die erste und ist trotzdem eminent christlich. Freilich sind auch dort noch Verstand und Wille tätig, aber in viel einfacherer Weise. Deswegen ist auch von dort her der Zugang zu jenem Urgrund leichter, in dem keine Akte »gesetzt«, sondern wie in einem

Mutterschoß »empfangen« und »geboren« werden. Allerdings ist dieser »Mutterschoß« nicht einfach gleichzusetzen mit dem Unbewußten. Man muß nämlich unterscheiden zwischen dem höheren geistigen »Unbewußten« und dem niederen psychischen Unterbewußten. Es gibt ja sowohl höhere geistige Gefühle und pneumatische Ahnungen wie auch niedere leiblich-psychisch bedingte Gemütsbewegungen und Träume. Hier ist von den ersteren die Rede[4].

Die Meditation, die im »Grunde« oder »Mutterschoß« vollzogen wird und mehr oder weniger passiv ist, hat in viel höherem Maße die Kraft, jene Schwierigkeiten im religisöen Leben, zu allererst im Glauben selbst, zu überwinden, die der Mensch heute viel stärker empfindet, als er es zu einer Zeit tat, da noch ein kollektiv-religiöses Empfinden bestand. In diesem Sinne führt sie sicherer zum Ziel als die sogenannte intentionale Meditation. Die verzweifelte Situation ist doch die, daß der Mensch mit Nachdenken allein über die Glaubensschwierigkeiten nicht hinwegkommt und oft gerade durch das Nachdenken noch mehr in die Ausweglosigkeit getrieben wird. Gerade in diesem Moment sollte er das Denken während seiner Meditation grundsätzlich einstellen und einen Weg in die Tiefen seiner Seele suchen. Eben da setzt die östliche Meditation ein. Der Osten hat diesen Weg immer gekannt und ist ihn gegangen. Buddha soll am Ende seines Lebens seinen Schülern als geistiges Testament die Mahnung hinterlassen haben, einzig und allein nach der Erleuchtung zu streben. Der Weg zur Erleuchtung ist nun gerade diese Tiefenmeditation. Er hat es vermieden, metaphysische Fragen zu entscheiden. Wie die anderen Weisen des Ostens wußte er, daß alle Fragen gelöst sind, wenn man über sie hinauswächst. Es versteht sich von selbst, daß der Christ die Hilfe der östlichen Meditation nicht zu benutzen braucht, wenn er bereits dahin gelangt ist, wohin die östlichen Wege führen wollen. Trotzdem ist es wahr, daß selbst Menschen, die bis zu einem gewissen Grade zum mystischen Gebet gelangt sind, durch die östlichen Methoden auf ihrem Wege noch gefördert werden können.

Anderen aber, die noch nicht so weit fortgeschritten sind, die

Benutzung der östlichen Meditationswege zu verbieten, ist geradezu unverantwortlich. Die Tatsache, daß auf diesem Wege auch einmal etwas schiefgehen kann, ist kein Grund für ein radikales Verbot. Da täte man besser, soweit als möglich für gute Anleitung in der Verwendung jener Methoden zu sorgen, und wo keine Führer vorhanden sind, solche heranbilden zu lassen. Manche Menschen können in große Not kommen, wenn man ihnen Hindernisse in den Weg legt. Es gibt auch im Westen – vom Osten gar nicht zu reden – viele Menschen, die entweder von Anfang an oder später nicht imstande sind, eine intentionale Meditation zu vollziehen. Zwar können auch sie die Fragen theologisch überdenken, aber auch längst nicht alle, die meditieren möchten oder sollten. Doch selbst wenn sie es können, so ist dieses Studium noch nicht christliche Meditation oder Gebet. Ordensleute zu zwingen, in der von der Regel vorgeschriebenen Zeit der Betrachtung sich in dieser Weise zu bemühen, ist geradezu grausam, ist Mißbrauch des guten Willens des Nächsten. Es ist schmerzlich zu sagen, aber trotz aller Proklamation von Gewissensfreiheit auch in religiösen Dingen werden immer noch solche geistigen Vergewaltigungen durchgeführt. Es soll gern zugegeben werden, daß die verantwortlichen Stellen das in bester Absicht tun. Meistens geht die Inititative gar nicht von ihnen unmittelbar aus. Sie gehen so vor auf Grund von Warnungsrufen solcher, die sich auch wieder in voller Überzeugung zu warnen verpflichtet fühlen. Auf der anderen Seite wird fast alles, was Gegenstand der Theologie ist oder sein kann und woran man bis vor kurzem kategorisch festgehalten hat, in Frage gestellt. Und wer etwas tiefer sieht und aufrichtig ist, muß trotz der unangenehmen Folgen für den nicht in diesen Dingen bewanderten Gläubigen zugeben, daß heute alles neu durchdacht und soweit wie möglich konkret und neu formuliert werden muß. So entsteht eine Pluralität in manchen, sogar wichtigen Fragen der Theologie. Aber wenn das schon so richtig ist, dann sollte man es doch auch dem Christen freistellen, wie er mit seinem Gott verkehrt. Denn das ist ja christliches Gebet und christliche Meditation. Wer einmal selbst erfahren hat, daß man durch

inneres Schweigen Gott näher kommt als durch Denken und Reden, wird das verstehen.
Man könnte noch hinzufügen, daß es bei der Frage der Meditation um ein Teilproblem der allgemeinen Frage nach dem Primat der Vernunft geht. Die letzten zwei bis drei Jahrtausende waren für die Vernunft eine glorreiche Zeit. Man muß dankbar sein, daß es sie gegeben hat. Was der Mensch mit seinem Verstand in Wissenschaft und Technik, aber auch in der Geisteskultur geleistet hat, ist wirklich glorreich und des Menschen würdig gewesen. Aber es ist nun doch die Zeit eines »neuen Denkens« angebrochen. Damit stoßen wir auf das Thema vom »neuen Menschen«, das natürlich auch nur andeutungsweise hier zur Sprache kommen kann. Das Denken müßte ein »mystisches« Denken sein, das vorurteilsfrei und intuitiv ist und die Wahrheit in einer neuen Dimension erfaßt, die über das Dreidimensionale hinausgeht. Ohne das weiter zu erklären, dürfte es einleuchtend sein, daß der Mensch, der diese Entwicklung mitmacht, gar nicht anders kann, als sie auch auf religiösem Gebiet zu vollziehen.
Das hat nun aber auch seine Auswirkung auf die Meditation. Sie sollte zur Gotteserfahrung werden, zur Beschauung im eigentlichen Sinne. Andere Weisen können je nach Veranlagung des einzelnen als Vorbereitung dienen. Aber man darf nicht dabei stehenbleiben – eine Auffassung, die übrigens der große Mystiker Johannes vom Kreuz schon vor vierhundert Jahren klar ausgesprochen hat.
Das Gesagte gilt, wie schon angedeutet, in erhöhtem Maße von Christen, die in Ostasien beheimatet sind. Etwas überspitzt kann man sagen: Wenn es für die christliche Meditation wesentlich ist, daß sie im besagten Sinne intentional ist, so ist es für einen christlichen Asiaten nicht möglich, eine christliche Meditation zu vollziehen. Das Paradoxe ist dabei, daß die asiatischen Religionen weit kontemplativer sind als das Christentum heute im Westen.

Flucht oder neuer Zugang zum Nächsten?

Allgemein wird nicht nur den östlichen, sondern in der Gegenwart auch den christlichen Kontemplativen vorgeworfen, daß ihre Lebensweise eine Flucht sei. Bei den letzteren weiß man natürlich und sagt es auch oft genug, daß das Christentum neben dem Streben nach dem eigenen Seelenheil immer auch die Beziehung zum Nächsten einschließen muß. Demgegenüber macht man den östlichen Kontemplativen den Vorwurf, daß sie sich auch nach ihren religiösen Auffassungen, zum Beispiel dem Buddhismus, um den Nächsten nicht zu kümmern brauchen. Dieser Vorwurf ist unberechtigt. Es ist einfach nicht wahr, daß der Buddhist für seine Mitmenschen weder Interesse noch Liebe habe. Wer weiß, was das Bodhisatva-Ideal ist, nämlich daß der Heilige, der in das Nirvana eingehen könnte, freiwillig darauf verzichtet, bis alle Wesen erlöst sind, ersieht schon allein aus dieser Konzeption, daß der Vorwurf unberechtigt ist. Die Zen-Mönche erneuern dieses Gelöbnis jeden Tag und ganz besonders während der großen Übungen. Wer sich länger in Zen-Klöstern aufhält, ist erstaunt über das Verständnis und Wohlwollen, das er dort findet. Manches christliche Kloster könnte da noch etwas lernen. Gewiß geht auch dort vieles sehr »menschlich« zu. Die wahren Heiligen sind überall selten. Worauf es uns hier ankam, ist das Aufzeigen einer grundsätzlichen Einstellung.

Es ist eine interessante Beobachtung, daß die strengen Zen-Übungen, bei denen man sich ganz in sich selbst verschließt, ein Geöffnetsein zum Mitmenschen hervorbringen. Es ist freilich richtig, daß der Christ von seiner Religion und Weltanschauung her auf eine andere Weise zur Nächstenliebe kommt als der Buddhist und speziell der Zen-Mönch. Den Weg des ersteren dürfen wir hier als bekannt voraussetzen. Was den letzteren angeht, so hat uns Carl Albrecht darüber eine wertvolle Beschreibung hinterlassen:

»Die ursprüngliche ›östliche‹ Liebe (wir dürfen vielleicht einmal dieses nichtssagende Eigenschaftswort gebrauchen) ruht auf drei Voraussetzungen:

1. Zunächst sind die Reinkarnation, die Wiederverkörperungslehre, und die mit dieser zusammenhängende Karma-Lehre zu nennen. Diese fordern zu ihrem ehernen gesetzlichen Gang geradezu einen aus der Freiheit des Menschen möglichen Gegenwurf und entbinden darum den Versuch, einen Prozeß der Loslösung aus dieser leidvoll erlebten Gesetzlichkeit in Bewegung zu setzen.
2. Hiermit hängt es zusammen, daß das Ich sich auf einem langen Weg der Bereitung, Askese und Erkenntnis lösen muß aus allen vordergründigen Fälschungen und Verstrickungen, aus allen Anhaftungen, daß es frei werden muß vom Begehren, frei von jeden Wünschen, jeder Lust, jeden an den Weltinhalten haftenden Vorstellungen, frei von jedem Schmerz und jeder Sorge, jeder Ich-Erhöhungssucht und Macht. Dieser große Prozeß des Lassens, des Loslassens, führt zur vollkommenen Ichlosigkeit, zur Findung des eigenen Selbst.
3. Wenn dann drittens noch in der Versunkenheit nach Aufhören des Denkens und Betrachtens die große Täuschung der scheinbaren Zerstückelung und Vereinzelung der Weltinhalte erschaut wird und das wahrhafte Einssein erfahren wird, wenn man erschauend und erfahrend weiß, daß in jedem Lebewesen, in jedem Tier, in anderen Menschen der gleiche eine Allgeist, Atman-Brahma, verhüllt ruht, dann ist der Pilger, der sich Versenkende zu einem Licht geworden, dessen Wärme und Helle in die Welt hineinleuchtet, dessen offene Zuwendung zu jedem anderen Lebewesen voll Erbarmen, voll Mitleiden, voll Milde, ja voll Liebe ist. Denn aller Haß ist erloschen, aller Neid, alle Eifersucht, alle Mißgunst, alle Feindschaft ist in der Begehrungslosigkeit und Gelassenheit vergangen. In dem von allen negativen Bezügen und Anhaftungen entleerten Raum der Seele sind nur noch dispositive Bezüge der Wärme und des Wohlwollens verblieben.
So entsteht – wenn man es so nennen will – eine altruistische Verhaltensweise, die in vielem, rein äußerlich gesehen, dem Verhalten des von Agape besessenen Menschen ähnlich ist. Und doch: der Ursprung dieser Liebe kommt aus einer völlig anderen

geistigen Situation, ja aus völlig anderen anthropologischen Gegebenheiten.«

Das In-sich-Gehen, die innere Sammlung, ist auch allgemein gesprochen kein Hindernis für die Beziehung zum Nächsten. Es hat gewiß zu allen Zeiten Menschen gegeben, die sich von der Außenwelt und ihren Mitmenschen absonderten, nicht nur vorübergehend und als Vorbereitung für eine vollkommenere Beziehung zum Nächsten und einen besseren Dienst an ihm. Es waren und sind die Einsiedler. Viele Menschen bezeichnen so etwas heute als »Weltflucht« mit einem rein negativen Akzent. Ist das wirklich richtig gesehen? Waren und sind die Einsiedler wirklich allesamt für die Menschheit nutzlose – etwas scharf gesagt – geistige Schmarotzer? »Sie sollten von ihren Bergen herabsteigen und arbeiten!« sagt der Mensch der Leistungsgesellschaft. Man braucht nur ein Gedicht von Isaak von Ninive zu lesen, um herauszufinden, daß auch das Leben dieser Einsiedler eine Bereicherung der Menschheit werden kann[5].

Braucht es überhaupt eine eigene Weltanschauung, um zu wissen, daß Gottesliebe und Menschenliebe zusammengehören oder, etwas weiter gefaßt, daß wahre Heiligkeit immer eine Beziehung zum Mitmenschen einschließen muß? Ist es nicht so, wie Carl Albrecht einmal gesagt hat: »Wer heil ist, der liebt die Welt«? Wer heil ist, »ganz« ist, ganz Mensch ist, der bedarf keines neuen Motivs mehr, »auch« offen zum Nächsten zu sein. Es ist doch nicht so, daß der Mensch seiner Natur nach von den Mitmenschen abgeschlossen ist und es einer Mühe bedarf, dieses Hindernis zu überwinden. Genügt es nicht, alle Hindernisse zu beseitigen, um offen zum Nächsten zu sein, wie das aus obigem Zitat ersichtlich ist? Es liegt nicht in der Natur des Menschen, daß er seinen Mitmenschen beneidet und haßt, sondern daß er ihn liebt und ihm hilft.

Der übertriebene Dualismus kommt nicht vom Osten, sondern ist im Westen beheimatet und bisweilen zu einer Philosophie des Hasses ausgeartet, zum großen Ärgernis der Asiaten. In der Sicht des Ostens ist jeder wahre Heilige eine Bereicherung der Menschheit schon allein deswegen, weil es ihn gibt. Wir wollen gar nichts beschönigen, was auch in Asien auf religiösem und anderem Gebiet nicht in Ordnung ist. Es sollte nur einiges zu bedenken gegeben werden bezüglich der Gründe, die immer wieder gegen die Integrierung der östlichen Meditationsweisen im Christentum vorgebracht werden.

Entfremdung oder Suche nach dem Meditativen?

Noch ein letzter Punkt sollte in dieser Diskussion erwähnt werden. Man hört oft darüber klagen, daß der Kirchenbesuch abnimmt und andererseits die Weisen des Ostens überlaufen werden. Die Tatsache läßt sich wohl nicht bestreiten. Man fürchtet, daß durch die Verbreitung östlicher Methoden eine Infiltrierung mit dem Gedankengut der zugrundeliegenden Religionen stattfindet und viele Menschen so dem Christentum entfremdet werden. Diese Besorgnis von seiten der christlichen Kirchen ist gewiß berechtigt. Bevor man ein endgültiges Urteil fällt, sollte man trotzdem einiges bedenken: Zunächst geht es den Menschen, die jene Lehrer der östlichen Meditation aufsuchen, gar nicht darum, eine andere Religion zu finden, die besser ist als das Christentum, dem man bisher angehört hat. Natürlich gibt es Ausnahmen. Den meisten geht es jedoch um etwas anderes. Man findet etwas bei den Männern des Ostens, was man heute in den Kirchen vermißt. Die echten unter ihnen haben eine »Ausstrahlung«, wie man heute sagt, die man bei den meisten Vertretern der Kirchen nicht findet. Hinzu kommt, daß sich viele Menschen mit dem Gebaren in den christlichen Kirchen nicht oder nicht mehr befreunden können. Ob mit Recht oder Unrecht, das soll hier nicht erörtert werden. Dazu kommen viele Vorurteile, die sich im Laufe der Zeit festgesetzt haben und die verhindern, wenigstens das Gute zu sehen, das auch da ist. Kommt es aber von einer anderen als der kirchlichen Seite, so ist man eher empfänglich dafür. Andererseits suchen viele heute im Christentum manches vergeblich, was eben doch auch da ist oder in der Vergangenheit da war und nun anscheinend in Vergessenheit geraten ist. Zeigt man den im östlichen Gedankengut Suchenden die Parallelen mit den christlichen Mystikern auf, dann sind sie erstaunt über diese Neuigkeit. Man sollte sich immer wieder fragen, ob nicht doch etwas fehlt, was der heutige Mensch mit Recht erwartet. Die Menschen haben sich mit der Zeit geändert, wie jedermann weiß. Das betrifft auch den religiösen Menschen. Natürlich kann die hier zugrunde liegende Frage nicht von jemandem beantwortet werden, der nicht ganz in der religiösen Situation des Westens lebt, was sicher nicht für den Schreiber dieser Zeilen zutrifft. Es gibt gewiß auch Priester und andere, die Antwort geben könnten, sich aber anscheinend scheuen zu reden, weil sie zu leicht mißverstanden werden.

An dieser Stelle möchten wir nur noch auf einen Punkt aufmerksam machen, der auch zu unserem Thema gehört. Es scheint, daß viele Menschen in der Liturgie trotz der vielen und guten Seiten, die sie dank der Reformen erhalten hat, das meditative Element vermissen und deswegen – vielleicht auch noch aus anderen Gründen – den Eindruck einer gewissen, der Sache nicht gerecht werdenden Äußerlichkeit bekommen. Demgegenüber sind sie tief beeindruckt von der religiösen Tiefe jener Apostel des Ostens.

Abschließend soll nochmals die Bitte ausgesprochen werden, wenigstens Verständnis zu haben für die Menschen, die in den östlichen Meditationswegen eine Hilfe finden, ihr christliches religiöses Leben, besonders das Gebet und die Meditation, zu vertiefen. Es soll gewiß niemand gezwungen werden, Zazen oder ähnliche Übungen zu machen, aber man sollte auch Freiheit in diesen Dingen lassen, zumal die Kirche, dem Zug der Zeit gerecht werdend, auch in so vielen anderen Dingen weitgehend Freiheit läßt, wo eine solche vor dem Konzil keineswegs bestand. Nur um dieser Freiheit das Wort zu reden, haben wir die Dinge in obigen Ausführungen bisweilen etwas hart gesagt. Der Leser möge Verständnis haben. Wenn man die innere Not so vieler Menschen sieht, kann man nicht schweigen.

Einige praktische Hinweise

Weite Reise zu nahen Schätzen

Das Angebot des Ostens hat wenigstens eine gute Wirkung gehabt, die auch von jenen anerkannt werden sollte, die im übrigen die Verwendung der östlichen Methoden nicht befürworten. Man ist für die Meditation allgemein zugänglicher geworden. Man sucht in der christlichen Vergangenheit nach alten Schätzen, die in der Gegenwart von großem Wert und sogar lebensnotwendig sein können. Es hat sich in etwa verwirklicht, was in einer Geschichte der Chassidim symbolisch dargestellt ist. Wir fassen kurz zusammen: In Krakau lebte vor vielen Jahren ein armer Jude, Eisik mit Namen, der eines Nachts im Traum die Weisung erhielt, er solle nach Prag gehen. Dort liege unter der Königsbrücke ein Schatz verborgen, den solle er ausgraben und mit nach Hause nehmen. Erst als sich der Traum noch zweimal wiederholt hatte, machte er sich auf und ging nach Prag. Dort angekommen, fragte er sich leicht durch bis zur Königsbrücke. Aber da stand Tag und Nacht eine Wache, und er fürchtete, daß er von der Wache festgenommen würde, wenn er anfange, unter der Brücke zu graben. Was sollte er tun? Er begann in einiger Entfernung von der Brücke zu suchen. Vom Wachtmeister, der das gleich gesehen hatte, gefragt, was er dort tue, erzählte er seinen Traum. Der Wachtmeister lachte ihn zuerst aus. Aber dann wurde er ernst und erzählte dem Juden, daß er einen ähnlichen Traum gehabt hätte. Es wurde ihm gesagt, daß in Krakau in dem Hause eines frommen Rabbi namens Eisik hinter dem Ofen ein Schatz verborgen liege. Kaum hatte dieser seinen Namen nennen gehört, verabschiedete er sich von dem Wachtmeister und machte sich in größter Eile auf nach Krakau. Zu Hause angekommen, fand er gleich den Schatz in seinem eigenen Zimmer hinter dem Ofen[6]. Der arme Jude mußte die weite Reise nach Prag machen, um zu erfahren, daß in seinem eigenen Haus ein Schatz lag. Es ist oft so. Die Menschen reisen um die ganze Welt, um das Glück zu finden, und eines Tages entdecken sie, daß das wahre Glück nur im eigenen Herzen zu finden ist. Durch den Kontakt mit den östlichen Religionen sind heute viele Menschen in christlichen Ländern auf die Mystiker der eigenen Religion aufmerksam geworden. Es ist eigentlich überraschend, daß das Gespräch über die Meditation gerade zu einer Zeit in Gang gekommen ist, da der Westen in den Errungenschaften der Wissenschaft und Technik geradezu schwelgt. Selbst im religiösen Raum lag dieses Gespräch fern. Es ist noch nicht lange her, daß man auf religiösem Gebiet nicht von »Erlebnissen« sprechen konnte, ohne in den Verdacht falscher Mystik zu kommen. Die Erinnerungen vergangener Jahre wirkten noch nach. Mystik war ein Tabu. Aber statt dessen wurde die gegenständliche oder intentionale Meditation, Betrachtung genannt, eifrig gepflegt. Das wurde anders, als man vor wenigen Jahren die Entdeckung machte, daß man im religiösen Leben zu sehr auf sich selbst bezogen sei und zu wenig auf den Mitmenschen. Dialog und nicht Betrachtung sei die Hauptsache. Auch Gott könne man nur im Mitmenschen begegnen. In diesem Sinne wurde die tägliche Betrachtung in vielen religiösen Gemeinschaften freigestellt oder sogar abgeschafft.

Heute, nur wenige Jahre später, ist das »Meditieren« so weit verbreitet wie noch nie. Es besteht sogar die Gefahr, daß es eine Mode wird. Das würde bedeuten, daß es zum Selbstzweck entartet und gerade das, was durch die eigentliche Meditation erreicht werden sollte, erschwert wird. Das empirische Ich, das allmählich verschwinden sollte, um zum tiefsten Selbst und zu echter Freiheit zu kommen, würde dann durch die Meditation noch mehr gestärkt. Diese Krankheit im geistlichen Leben haben die Alten auch schon gekannt. Man nannte sie die geistige Gefräßigkeit. Die echte Meditation befreit und öffnet zum Mitmenschen. Die unechte schließt ab und nährt die Selbstsucht. Diese Gefahr ist besonders dann vorhanden, wenn die Meditation ohne eine religiöse Grundeinstellung geübt wird. Natürlich kann man auch aus therapeutischen Gründen meditieren. Soweit das klar ist, ist auch nichts dagegen einzuwenden. Umgekehrt kann die Meditation auch enttäuschen, nämlich dann, wenn man nicht jenen Fortschritt macht, den man erwartet hat. Wenn die Meditation nur als Mittel zur Beruhigung und als Hilfe zum Gleichmut, also für eine rein natürliche Zufriedenheit geübt wird, kann es geschehen, daß man sich eines Tages leer fühlt und enttäuscht ist. Denn damit allein ist der Mensch auf die Dauer nicht glücklich. Wir sprechen hier nicht von Menschen, die sich einem sittenlosen Leben hingeben und ihre Befriedigung in niederen Trieben und Leidenschaften suchen. Sie werden im Grunde nie glücklich. Sie sind immer auf der Flucht vor ihrem eigenen Gewissen und letztlich vor Gott. Wir sprechen von Menschen, die aufrichtig gut sein wollen. Wenn die Meditation in Verbindung mit einer Religion oder Weltanschauung geübt wird, dann ist sie eine Hilfe, nach dieser Religion zu leben, und enttäuscht nicht.

Daß eine intentionale Meditation eine Weltanschauung voraussetzt, ist selbstverständlich, denn sie hat einen Inhalt, über den meditiert wird. Das ist nicht so selbstverständlich bei jener Meditation, die keinen Inhalt in diesem Sinne hat. Aber auch sie ist in erster Linie dazu da, eine gegebene Weltanschauung oder einen religiösen Glauben zu festigen und zu vertiefen. Wer in diesem Sinne meditiert, wird seine Mühe immer belohnt finden.

In der christlichen Spiritualität gibt es viele *Betrachtungsmethoden,* die irgendwie gegenständlich sind, die von vielen Menschen wenigstens anfänglich mit Nutzen verwendet werden können. Welche von diesen und in welcher Ordnung sie anzuraten sind, richtet sich je nach der Veranlagung und Situation des einzelnen. Darauf können wir hier nicht eingehen. Sich darüber informieren und beraten zu lassen, sollte auch in den christlichen Ländern nicht allzu schwierig sein. Uns geht es hier in erster Linie um die östlichen Methoden. Auch deren gibt es viele. Die im Westen gegenwärtig verbreitetsten sind: Yoga, besonders Hatha-Yoga, die schon erwähnte transzendentale Meditation, das Zazen und andere buddhistische Meditationsweisen, zum Beispiel Satipatthāna. Das im deutschen Sprachgebiet weit verbreitete autogene Training erwähnen wir nicht, da es vordergründig als Therapie angewandt wird. Diese Methode könnte aber wohl auch als religiöse Meditation ausgewertet werden, wie es zum Beispiel Carl Albrecht mit Erfolg getan hat. In einem Bändchen der Reihe *Alternativen*[7] werden in kurzen Artikeln nach einigen allgemeinen Fragen 60 verschiedene Meditationsweisen zur Auswahl vorgestellt.

Wenn man sich zu einer Methode entschlossen hat, sollte man bei dieser bleiben, sie gründlich üben und nur aus triftigen Gründen mit einer anderen vertauschen. Die klassischen Methoden, Yoga, Zen und Satipatthāna, erfordern eine gründliche Einführung, die nicht nur theoretisch, sondern auch praktisch, also mit Übungen verbunden sein sollte. Aber gerade bei den genannten Methoden sollte man auch bedenken, daß es einige Zeit braucht, bis sie die ihnen eigenen Wirkungen hervorbringen. Im allgemeinen ist es nicht anzuraten, zwei Methoden miteinander zu vermischen. Manche schließen sich jedoch nicht einfach gegenseitig aus. Das gilt zum Beispiel von Hatha-Yoga und Zen. Das ist verständlich, da der Hatha-Yoga vorwiegend in körperlichen Übungen besteht, obwohl es letzten Endes auch dort auf das Geistige ankommt. Gar keine Schwierigkeit bietet der Übergang von Hatha-Yoga zu Zen, wie das schon viele Leute erfahren haben. Aber auch dann ist es anzuraten, einige Yoga-Übungen beizubehalten. Solche Yoga-Übungen werden neuerdings auch bei mehrtägigen Zen-Kursen zur Entspannung zwischendurch gemacht. Das ist jedoch eine Erfindung des Westens. In den Zen-Klöstern kennt man das nicht. Ein Meister, darüber gefragt, was er davon halte, sagte: »Wir haben Samu (körperliche Arbeiten, die aber während der großen Zen-Übungen nur etwa eine halbe Stunde, meistens morgens nach dem Frühstück, getan werden), und außerdem ist Zazen auch eine Entspannungsübung.« Im Westen können solche Entspannungsübungen, Yoga oder andere, besonders für Anfänger eine willkommene Hilfe sein.

Im Westen kommt zur Auswahl der Methode auch noch die Frage der Anpassung an den westlichen Menschen hinzu. Zen ist zum

Beispiel in Asien in engster Verbindung mit dem Buddhismus entstanden und gewachsen. Die Frage liegt nahe, ob das Zen – darauf kommt es uns in erster Linie an – so, wie es in Asien bis zur Stunde geübt wird, für den Westen geeignet ist. Was die buddhistische Herkunft betrifft, so ist die Frage schon wiederholt besprochen worden und soll hier nicht erneut erörtert werden. Übrigens haben die Erfahrungen erwiesen, daß die Übung des Zazen dem Christus-Gläubigen nicht nur nicht schadet, sondern ihm sogar von großem Nutzen sein kann. Aber da ist noch die Frage, ob die vorgeschriebene Sitzweise und Atmung, nicht zuletzt auch die innere Haltung des Nichtdenkens so, wie das alles vollzogen wird, für den Westen passend sind oder ob sie erst angepaßt werden müssen. Die Anpassung kann zum Beispiel in einer für den westlichen Menschen leichter vollziehbaren Sitzweise bestehen. Anstatt am Boden könnte man auf einer niedrigen Bank oder sogar auf einem Stuhl sitzen. Bezüglich der Atmung, so wie sie im Zen üblich ist, dürfte auch für den westlichen Menschen keine erhebliche Schwierigkeit bestehen. Beim Nichtdenken gibt es eigentlich keine Anpassung, denn entweder denkt man oder man denkt nicht. Von den Entspannungsübungen wurde schon gesprochen. Was darin und in anderen Bereichen an Anpassung notwendig ist und wie es bestens geschieht, kann nicht vom Osten her bestimmt werden. Dies muß durch die Fachleute im Westen entschieden werden. Hier möchten wir nur ein paar allgemeine Dinge sagen, die bei der konkreten Anpassung berücksichtigt werden sollten.

Wege und Grenzen der Anpassung

Es sei zunächst darauf hingewiesen, daß bei den Anpassungsbemühungen die Gefahr besteht, daß Wesentliches verlorengeht. Die seit Jahrhunderten allmählich eingespielten Gewohnheiten haben doch zum großen Teil etwas mit dem Wesentlichen zu tun. Es bedürfte eines eingehenden Studiums, um diese Situation völlig zu klären. Wer etwas ändert, ohne die Dinge gründlich zu kennen, setzt sich der Gefahr aus, wertvolle Details zu verlieren. Zen kann wirklich erstaunliche Wirkungen haben, wenn die Erfahrungen der Vergangenheit, die in den kleinen, anscheinend unwichtigen Normen inkorporiert sind, nicht außer acht gelassen werden. Man hofft vielleicht, durch gewisse Erleichterungen ein bestimmtes Ziel schneller zu erreichen. Aber das täuscht oft. Und wenn es doch zu gelingen scheint, so bleibt noch die Frage, ob das Erreichte zum sicheren Besitz geworden ist. Zen ist harte Arbeit. Daran kommt man nicht vorbei. Es braucht Ausdauer, um das zu erlangen, was Zen auch dem westlichen Menschen geben kann. Nehmen wir, um die Sache konkret zu machen, ein Beispiel: Man legt bei einem Zen-Kurs, wo sonst zehn Meditationen gehalten werden, dreimal eine halbe Stunde Entspannungsübungen ein und beschränkt die Zahl der Meditationen auf sieben. Sicher ist das eine große Erleichterung, und mancher freut sich schon während des Zazen auf die nächste Entspannungsübung (was übrigens total falsch wäre). Ob in der Gesamtwirkung ein Vorteil erzielt wird gegenüber dem, der die zehn Meditationen ohne Entspannungsübungen durchhält, müßte festgestellt werden. Vielleicht ist es umgekehrt. Wenn es durchgestanden wird, werden die Zen-Übungen selbst zu Entspannungen. Sonst aber nicht oder erst viel später. Besser schiene es mir, einen Weg zu finden, während des Zazen selbst die Verspannung zu lösen, was auch möglich zu sein scheint.

Wenn es einem nur darauf ankommt, vorübergehend zu einer gewissen Ruhe zu gelangen, gibt es andere Methoden, die leichter sind und schneller zum Ziele führen. Es gibt auch Menschen, die aus diesem Grunde mit einer leichteren Methode beginnen und eine Zeitlang mit den Ergebnissen zufrieden sind. Nach einiger Zeit aber können sie sich doch nicht damit begnügen und kommen dann zum Zen. Wir haben jedoch nicht die Absicht, die verschiedenen östlichen Meditationsweisen miteinander zu vergleichen und gegeneinander abzuschätzen. Das ist schon deshalb nicht angebracht, weil es in allen Methoden verschiedene Grade gibt, wobei im höchsten Grad schließlich alle zum Letzten und Besten führen wollen und auch können, wenn sie ganz

durchgeführt werden. Jedenfalls sollte man keine abwertenden Urteile über eine Methode fällen, die man nicht gründlich und womöglich aus eigener Erfahrung kennt.
Nun gibt es auch Menschen, die ein echtes und starkes Bedürfnis fühlen nach Meditation in der Art der östlichen Methoden. Da sich aber keine regelmäßige Gelegenheit zu ein und derselben Methode bietet, nehmen sie alles mit, was an östlicher Meditation auf sie zukommt. Die Meister des Ostens würden das kaum befürworten. Sie würden sogar noch weiter gehen und daran erinnern, daß man nur *einem* Meister folgen sollte, selbst innerhalb derselben Meditationsweise, sei es Yoga oder Zen. Daß dafür gute Gründe bestehen, ist leicht einzusehen. Es gibt auch dazu Parallelen in der christlichen Spiritualität. In der ostkirchlichen Mystik wird darauf sogar noch strenger bestanden als zum Beispiel im Zen. Der Grund dafür ist dort der, daß der Heilige Geist, der eigentliche Seelenführer, sich nur durch den einmal bestimmten Seelenführer mitteile. Im Westen, besonders in Europa, gibt es kaum Zen-Meister, die dort einen ständigen Wohnsitz haben. Dazu kommt, daß nicht jeder Zen-Meister für jeden geeignet ist. Die obige Regel läßt sich daher nicht durchführen. Erfreulicherweise mehrt sich aber die Zahl derer, die wenigstens eine Einführung geben und auch bis zu einem gewissen Grad weiterführen können. Nun gibt es aber noch eine andere Möglichkeit, die nicht übersehen werden sollte. Unter den Priestern und anderen tiefgläubigen Menschen gibt es manche, die, wenn auch nicht im Zen bewandert, sich doch in den mystischen Gebetsweisen auskennen. Auch sie können für Christen, die Zen-Übungen machen, gute Ratgeber sein, vorausgesetzt, daß sie nicht ein unüberwindliches Vorurteil gegen östliche Meditationsweisen haben, was bei solchen Menschen aber selten der Fall sein dürfte. Immerhin, wie die Verhältnisse gegenwärtig noch sind, tut man gut daran, die seltenen Gelegenheiten, bei einem guten Meister zu üben, auszunützen.
Wenn man beim besten Willen gar keine Gelegenheit findet, von irgend jemand eingeführt zu werden, kann man sich auch mit einer schriftlichen Einführung für den Anfang begnügen. Wir

dürfen hier nochmals auf die in dem Buch *Zen – Weg zur Erleuchtung* ([7]1987) gegebenen ausführlichen Anweisungen und vor allem auf die programmatische Einführung in *Zen-Unterweisung* (1987) hinweisen. Ein paar ganz kurze Bemerkungen mögen aber auch hier am Platze sein, selbst auf die Gefahr hin, daß sie für manche Leser eine Wiederholung darstellen:

Bei der Meditation (Zazen) sitze man womöglich auf dem Boden, also nicht auf einem Stuhl. Wenn man den vorgeschriebenen Lotussitz nicht vollziehen kann, sollte man doch so sitzen, daß die Knie den Boden berühren. Auf jeden Fall muß der Oberkörper einschließlich des Kopfes gerade aufgerichtet sein. Das muß auch beim Sitzen auf dem Stuhl geschehen, und man sollte sich dabei nicht anlehnen. Die Augen bleiben halb geöffnet und sehen, ohne zu fixieren, auf eine Stelle am Boden in einer Entfernung von einem Meter vom Körper. Das Atmen soll durch die Nase erfolgen und womöglich Tiefatmung sein, die mit Hilfe des Zwerchfells getätigt wird. Zwischen Einatmen und Ausatmen soll keine längere Pause sein. Man soll also den Atem nicht anhalten. Der ganze Körper soll entspannt sein. Die innere Haltung besteht, kurz gesagt, im Nichtdenken. Da es schwierig ist, die Haltung beizubehalten, ohne in einen Zustand des Dösens zu verfallen, hilft man sich mit verschiedenen Weisen einer Konzentration auf den Atem oder auf ein Kōan, das heißt ein logisch unlösbares Problem. Ein eigentlich religiöses Meditationsthema wird nicht gegeben. Im wesentlichen besteht die innere Haltung darin, daß man sich auf nichts einläßt, das kommen mag: Gedanken, Vorstellungen, Gefühle oder sonst etwas. Das spontane Auftreten solcher Phänomene ist unvermeidlich, schadet dem Zen aber nicht, wenn man sich nicht darauf einläßt. Wenn man keine der angegebenen Hilfen benutzt, nennt man diese Haltung »Shikantaza«, das heißt »Nur-Sitzen«. Dabei liegt ein starker Akzent sowohl auf dem »Nur« wie auf dem »Sitzen«. »Durchsitzen« könnte man es nennen. Dieses »Nur-Sitzen« ist das eigentliche Zazen.

Von der Sterilität zur neuen Fruchtbarkeit

Fassen wir nun das Ergebnis unserer Untersuchung kurz zusammen: Der »Grund«, das Gemüt oder der Mutterschoß, in dem der religiöse Glaube und die religiöse Erfahrung ihren Ursprung haben, ist durch die einseitige Betonung der Ratio in unserer westlichen Kultur unfruchtbar geworden. Der dort beheimatete und vielleicht immer noch vorhandene Glaube ist sozusagen verschüttet worden. Wenn man die innere Disposition des westlichen Menschen so sieht, kann man verstehen, daß durch die Übung einer Meditation, die wie das Zazen die Ratio ausschaltet, der Glaube wieder frei und lebendig werden kann. Weiterhin versteht man, daß der geistige Mutterboden, der durch die Ratio sozusagen steril geworden ist, wieder fruchtbar wird, wenn das Übergewicht (der Ratio) durch die Eigenart der östlichen Meditation beseitigt wird. Ebenso ergibt sich, daß die vorwiegend mit Verstand und Wille vollzogene Betrachtung nicht geeignet ist, diesen Mangel zu ersetzen oder diese Unfruchtbarkeit zu heilen. Denn sie arbeitet ja gerade mit jenen Kräften, die das Unheil angerichtet haben. Damit wird der Wert der Betrachtung in sich gesehen nicht herabgesetzt; denn zu ihrer Zeit ist sie oder kann sie wenigstens sehr fruchtbar sein.

Wie schon gesagt, ist das religiöse Gefühl und sind allgemein die geistigen Gefühle bei vielen Menschen unserer Zeit abgestumpft. Das heißt aber nicht, daß alle menschlichen Gefühle mehr oder weniger abgestorben seien. Im Gegenteil, der Mensch sucht nun in den sinnlichen Gefühlen Ersatz. Vielleicht besser gesagt: diese Gefühle brechen in einem Extrem auf, wie man es früher kaum gekannt hat. Erinnert sei nur an Sex und Brutalität. Dazu kommen andere Haltungen, die zum Teil harmlos und sogar berechtigt sind, aber nicht geistig. Ohne Gefühl und nur vom Verstand kann der Mensch nicht leben. Genauso wie die Erfahrungen auf dem Gebiet der höheren, geistigen Gefühle den Menschen davor bewahren können, ein Sklave der niederen Leidenschaften zu werden, so ist die Sterilität der geistigen Gefühle eine Gefahr, umso mehr Befriedigung in den sinnlichen Gefühlen zu suchen.

Aber das gelingt auf die Dauer nicht. Denn der Mensch kann seine Leidenschaften befriedigen, aber die Leidenschaften können den Menschen nicht befriedigen. Der Wechsel vieler Jugendlicher unserer Zeit vom Rauschgift zu Zen und anderen östlichen Meditationsweisen ist in dieser Sicht gar nicht so überraschend.

Trotz dieser im Augenblick verzweifelten Situation, die das Übermaß an Ratio herbeigeführt hat, wäre es falsch, den bisherigen Weg des Menschen als Irrweg zu bezeichnen. Diese Entwicklung war eigentlich mit der Natur des Menschen gegeben. Eine Zeit der Hochblüte der Ratio ist ihr durchaus entsprechend und des Menschen würdig, und wir möchten auch heute nicht entbehren, was auf diesem Weg geleistet worden ist. Aber dabei ist etwas Wichtiges versäumt worden, das aufgearbeitet werden muß, damit die Leistungen in der materiellen Kultur dem Menschen zum Segen und nicht zum Verhängnis werden. Vielleicht mußte alles so kommen, damit der Mensch jetzt den Schritt zum Arationalen tun kann, das heißt auf religiösem Gebiete: zur mystischen Erfahrung.

Jan Gebser sagt vom »neuen Menschen«: »Dieses neue Zeitalter ist eine Überwindung der vorhergehenden rationalen Epoche, die zudem stark antireligiös geformt war, und es ist zugleich die Gegenströmung zu dem unchristlichen Nihilismus unserer Tage. Damit ist auch gesagt, daß dieses Zeitalter nicht mehr antireligiös sein kann. Nur das rationale Denken ist antireligiös; das arationale wird, schon seiner Transparenz wegen, ein neues, gestärktes Verhältnis zur Religion gewinnen.«[8] Der Osten hat nie eine eigentliche Periode des Rationalen wie wir im Westen gehabt. Man weiß freilich nicht, ob ihm eine solche Zeit nicht noch bevorsteht. Es hat den Anschein, als ob er sich darauf zubewegt. Bisher sind in den östlichen Religionen das Arationale, die Auflösung der Gegensätze und das Erfassen des Ganzen typisch, im Gegensatz zum westlichen Denken, in dem bisher die Tendenz des Scheidens der Dinge voneinander vorherrschend war. Gerade aus diesem Grunde sollte man in der gegenwärtigen Not das Angebot des Ostens nicht ablehnen, sondern annehmen. Das aber kann konkret auf dem Wege der Meditation am ehesten geschehen. Es wäre wirklich sehr zu wünschen, daß diese Zusammenhänge von allen, die an leitender Stelle im religiösen Bereich stehen, klar erkannt und berücksichtigt würden, wenn sie wichtige Entscheidungen zu treffen haben. Das gilt ganz besonders auf dem Gebiet, von dem wir sprechen. Andernfalls kann wohlmeinenden Menschen, die ernstlich eine Stärkung und Vertiefung ihres religiösen Lebens in dieser weitgehend areligiösen Zeit suchen, ein nur schwer wiedergutzumachender Schaden zugefügt werden.

Hinzu kommt, daß die Stimmen derer, die das Vordringen der östlichen Wege glauben verhindern zu müssen, über kurz oder lang von selbst verstummen werden. Denn es handelt sich hier eben nicht nur um eine Mode, sondern um mehr. Es geht um ein ernstes Anliegen innerhalb der großen Umwandlung, die sich gegenwärtig im menschlichen Denken vollzieht. Man sollte sich auf diesen neuen Standpunkt stellen und, anstatt die Anwendung östlicher Meditationsmethoden zu verhindern, dafür Sorge tragen, daß sie zur rechten Zeit und in der richtigen Weise benutzt werden.

Wir möchten noch einen anderen Punkt kurz erwähnen. Es ist kein Geheimnis, daß sich die christlichen Ordensgemeinschaften in einer Krise befinden. Es ist inzwischen auch klar geworden, daß diese Krise, die sich konkret im starken Zurückgehen der Berufe und auf der anderen Seite in der großen Anzahl von Austritten bemerkbar macht, nicht in einem allgemeinen Schwund an religiösem Glauben ihren Grund hat. Man hat längst erkannt, daß eine Anpassung an die neue Zeit dringend notwendig ist. Darüber werden in allen Orden seit dem Konzil viele und ernste Überlegungen angestellt. Dabei geht es natürlich nicht nur um die Meditation, sondern noch um viele andere, nicht weniger wichtige Dinge. Trotzdem hat in diesem Prozeß der Umwandlung die Frage des Gebetes allgemein und der Meditation im besonderen eine einzigartige Bedeutung. Kurz gesagt: Wenn diese Frage nicht wirklich gelöst wird, wenn also nicht eine Art der Meditation gefunden wird, die den heutigen Menschen anspricht, so helfen alle anderen Reformen nichts. Denn wie jeder zugeben wird, ist das Gebet der Lebensnerv des Ordenslebens. Diese Frage ist die dringendste und könnte verhältnismäßig leicht gelöst werden, während viele andere Fragen lange Zeit brauchen werden, bis sie eine befriedigende Lösung gefunden haben. Ist einmal die Frage des Gebetes und der Meditation gelöst, dann fließt den Menschen die Kraft zu, so lange auszuharren, bis auch die anderen Fragen gelöst sind. Ein Beweis dafür sind die kontemplativen Orden – so wenigstens kann man die Sache sehen. Sie haben in den meisten Ländern auch heute noch viele Berufe und finden mehr als andere im Gebet die Kraft auszuharren, vorausgesetzt natürlich, daß die einmal aufgenommenen Mitglieder wirklich die Berufung zu dieser Lebensweise haben. Denn es ist nicht so, daß in diesen Orden alles so ist, wie es heute entsprechend der neuen Zeit sein sollte. Auch dort müßte vieles neu überdacht werden, was die Vertreter des kontemplativen Lebens sehr wohl wissen. Aus besagtem Grunde ist andererseits die Lösung der Frage der Meditation ganz besonders dringlich in den aktiven Orden; denn ihre Gebetszeiten sind kurz, und ihre Mitglieder sind vielfach gerade wegen des Mangels an Berufen überarbeitet, so daß ihnen eine intentionale Betrachtung oft bei bestem Willen nicht möglich ist. Dagegen ist die tiefere Meditation, wenn sie einmal erlernt ist, für Körper und Geist eine Erholung.

Abgesehen davon kommen überraschend viele Laien zur Zen-Meditation und tragen heute viel dazu bei, das Kontemplative in den Strukturen des Alltags, des Familien- und Berufslebens zu beheimaten.

Die Bedeutung der östlichen Meditation für den »neuen Menschen«

Vom Osten lernen

In den bisherigen Ausführungen haben wir hauptsächlich den Einzelmenschen ins Auge gefaßt und dabei speziell die Zen-Meditation besprochen. Unser Thema überspannt jedoch einen weiteren Rahmen. Es sollte nicht nur den Menschen als einzelnen, sondern auch die Menschheit als ganze umfassen. Außerdem darf man sich nicht auf die Zen-Methode beschränken, sondern sollte auch andere östliche Meditationsweisen einschließen. Das Zen ist nur ein Beispiel von vielen. Mit einer solchen einseitigen Auswahl könnte leicht der Eindruck erweckt werden, als ob mit Vorzug an Japan gedacht sei, wo ja heute das Zen am stärksten vertreten ist. Auch das wäre eine Einschränkung, die uns fernliegt. Wenn man schon eines der ostasiatischen Länder als Mittelpunkt oder Ausgangspunkt wählt, könnte das nur Indien sein, das ja auch die Heimat des Buddhismus ist, aus dem sich das Zen entwickelt hat. Das gilt trotz der Tatsache, daß der Buddhismus in Indien heute nicht mehr die Bedeutung hat wie in den ersten Jahrhunderten seines Bestehens und das Zen als Meditationsweise dort kaum mehr als dem Namen nach bekannt ist.
Tatsächlich hat Meditation nicht nur eine Bedeutung für viele Einzelmenschen, sondern für die ganze Menschheit. Es besteht kein Zweifel, daß die Menschheit an einem Wendepunkt ihrer Geschichte steht wie kaum je zuvor. Manche gehen so weit zu sagen, daß das, was sich heute in der Menschheit zu vollziehen beginnt, dem ersten Auftreten des Menschen überhaupt, das heißt dem Schritt vom Tier zum Menschen in seiner Bedeutung nicht nachsteht. Der Durchbruch der Vernunft als leitender Kraft des Menschen, den wir im Westen gewöhnlich mit Plato ansetzen, war gewiß groß und folgenschwer, aber das Zeitalter der

Vernunft hat, wie schon erwähnt, seinen Höhepunkt überschritten. Man kommt wohl nicht mehr an der Tatsache vorbei, daß der menschliche Geist als solcher einer Entwicklung fähig ist, die man früher kaum geahnt hat. Nur einige ganz große Menschen, die ihrer Zeit voraus waren, haben dies gesehen. Es seien nur Teilhard de Chardin im Westen und Sri Aurobindo im Osten genannt. Wie der eine und der andere bzw. die anderen – auch Lecomte de Nouy verdient hier genannt zu werden – das im einzelnen beurteilen, ist für uns jetzt nicht wichtig. Wichtig ist, daß eine solche Entwicklung des Menschen möglich ist. Die genannten Vertreter sagen einstimmig, daß sie einmal eintreten muß und auch eintreten wird. Diese Tatsache scheint für das Schicksal der Menschheit gegenwärtig wichtiger zu sein als alles andere. Nach Teilhard ist diese Möglichkeit und Notwendigkeit von jeher in der menschlichen Natur grundgelegt. Sri Aurobindo vertritt die Ansicht, daß der »Übergeist«, wie er dieses Neue nennt, nicht im Menschen selbst begründet sei, sondern von »oben« gegeben werden müsse und schon begonnen habe, auf die Menschheit herabzukommen. Beide sind der Meinung, daß die neue Entwicklung des Geistes auch die Materie, also den menschlichen Leib miteinschließen werde und daß der Mensch am Ende dieses Prozesses unsterblich sein würde. Wir stehen hier vor einer neuen Interpretation der Eschatologie, des »neuen Himmels und der neuen Erde«, um in den Worten der Bibel zu reden. Mancher mag diese Ausblicke für Hirngespinste halten, die letztlich wieder für immer untertauchen werden. Andere verzweifeln ganz an der Menschheit oder glauben, daß eben doch die Vernunft ein Goldenes Zeitalter herbeiführen könnte. Ihr Glaube an die Allmacht der Vernunft ist noch unerschüttert. Wir können hier natürlich nicht versuchen, eine Bilanz der verschiedenen Lösungsmöglichkeiten zu ziehen. Sicher kann und soll die Vernunft uns auch weiter verbleiben und vielleicht oder sogar sicher noch größere Dinge als bisher auf dem Felde der Wissenschaft, Technik und anderen Gebieten bescheren.

Andererseits ist der Mensch gerade durch die Leistungen der Vernunft in die größte Not geraten. Die ganze Welt ist bereits psychisch krank, und die Krankheit schreitet mit Riesenschritten fort. Das gilt wenigstens von der westlichen Welt. Die östliche Hälfte, die Wissenschaft und Technik vom Westen übernommen hat und sie sich immer mehr zu eigen macht, wird, falls der Prozeß in der gegenwärtigen Richtung fortschreitet, demselben Schicksal nicht entgehen. Japan steht heute auch in den unvermeidlichen Folgen der Technisierung des Lebens in Asien an der Spitze. Das gilt auch von der Vergiftung der Luft infolge der Industrie. Indien, von dem die Kulturen Ostasiens zum großen Teil ausgegangen sind oder wenigstens stark beeinflußt wurden, steht gewiß gegenwärtig noch weit zurück hinter den westlichen Ländern, was moderne Wissenschaft und Technik betrifft. Viele meinen auch, daß es in geistiger und besonders in religiöser Beziehung seine einstige Größe verloren habe und die Tage gezählt seien, bis es von der materiellen Kultur, die mit der Industrialisierung auch für diesen Subkontinent kommen wird, absorbiert würde.

Demgegenüber meinen andere, daß Indien berufen sei, in der bereits begonnenen neuen Entwicklung der Menschheit der »Guru der Welt« zu werden. Sicher leben in Indien noch geistige Kräfte, die im Grunde religiös sind, obwohl man angesichts von soviel Armut und Not daran zu zweifeln geneigt ist. Es ist eine Tatsache, daß Indien besonders an gewissen geistigen Brennpunkten eine unwiderstehliche Anziehungskraft auf den westlichen Menschen ausübt. Wer einmal in Tiruvannamalai im Ashram von Ramana Maharshi auch nur einige Tage zugebracht hat, weiß, was das heißt. Solche Orte gibt es im Westen heute kaum noch. Es ist bestimmt keine Übertreibung zu sagen, daß Indien etwas zu geben hat, dessen der Westen in der gegenwärtigen Lage dringend bedarf. Fragt man, was das ist, so ist zu antworten: Es ist das meditative, kontemplative Element. In Indien waren Kontemplation und mystische Erfahrungen von alters her mehr zu Hause als in irgendeinem anderen Land. Die Theorien einer glücklicheren Menschheit stimmen in der Überzeugung überein, daß sie in der Zukunft einmal verwirklicht werden, wenn auch diese Verwirklichung vielleicht erst nach Tausenden oder Millionen Jahren möglich sein wird. Das ist zunächst nur eine Behauptung. Wir sollten daher als zweites die Frage stellen, ob sich die Verwirklichung dieser großen Vision durch entsprechendes Verhalten des Menschen selbst beschleunigen läßt. In Sri Aurobindos Ashram in Pondicherry, der auch von Ausländern viel besucht wird, versucht man durch den Integralen Yoga ganz bewußt eine neue Lebensweise zu finden, die auf die beschleunigte Annäherung eines glücklicheren Zustandes der Menschheit eingestellt ist. Sri Aurobindo sagt: »Wenn eine spirituelle Entfaltung auf Erden die verborgene Wahrheit unserer Geburt in die Materie hinein ist, wenn das, was sich in der Natur abgespielt hat, im tiefsten Grunde eine Evolution des Bewußtseins ist, kann der Mensch, wie er jetzt ist, nicht das letzte Wort sein, das diese Evolution zu sprechen hat. Als ein Ausdruck des Geistes ist er zu unvollkommen, und sein Geist ist als Form zu eng, als Werkzeug zu beschränkt; der Geist ist nur eine mittlere Stufe des Bewußtseins, das geistige Wesen kann nur eine Stufe des Überganges sein. Wenn folglich der Mensch nicht fähig ist, über das geistige Dasein hinauszugelangen, muß er überstiegen werden, und der Übergeist und der Übermensch müssen auf der Bildfläche erscheinen und die Führung der Schöpfung übernehmen. Wenn aber sein Geist fähig ist, sich dem zu öffnen, was über ihn hinausgeht, besteht kein Grund, warum nicht der Mensch selbst zum Übergeist und zur Übermenschlichkeit gelangen sollte oder zumindest seine Geistigkeit, sein Leben und seinen Körper einer Evolution jenes mächtigeren Wortes, das durch den in der Natur sich offenbarenden Geist einen Ausdruck finden wird, verfügbar machen sollte.«[9]

Sri Aurobindo selbst glaubte, daß es dem Menschen schon heute möglich sei, unsterblich zu werden. Darüber kann man natürlich verschiedener Meinung sein. Auf jeden Fall muß man diese Ansicht im Rahmen der Gesamtkonzeption Aurobindos sehen. Bekanntlich ist auch Teilhard in seiner Zukunftsschau der Meinung, daß der Mensch am Ende seiner Entwicklung unsterblich sein wird. Auf die Gründe für diese Auffassung können wir hier natürlich nicht eingehen, und das ist auch nicht notwendig. Es kommt heute darauf an, den richtigen Ansatz für das Ziel einer glücklichen Menschheit im besagten Sinne zu finden. Ob man die Sache nun vom rein natürlichen Standpunkt ansieht oder von einem religiösen Glauben, der Gott als Schöpfer anerkennt: es kann auf keinen Fall die Bestimmung des Menschen sein, unglücklich zu leben und schließlich an den Widersprüchen seiner Existenz auszusterben. Es muß einen Weg für den Menschen geben, glücklich zu werden. Soviel Optimismus sollten wir uns stets bewahren.

Mystik im Alltag

Der oben angedeutete Ansatz ist nun doch der, daß der Mensch sein tiefstes Selbst findet. Denn nur dadurch kann er auf die Dauer die ihm von außen drohenden Gefahren bannen. Daß viele Menschen in dieser Richtung schon jetzt eine Lösung suchen, ist kein Zufall. Das ist so, weil der Mensch im tiefsten Selbst dem Absoluten begegnet. Christlich gesprochen: »Das Verhältnis des Menschen zum Wort Gottes ist zur nie endenden Beglückung und Verwunderung aller Beter immer beides: Die Einkehr in das innerste Ich ist immer gleichzeitig auch die Auskehr des Ich zum höchsten Du. Gott ist nicht so das Du, daß er einfach ein anderes fremdes Ich mir gegenüber wäre. Er ist im Ich, aber auch über ihm. Weil er über ihm ist als das absolute Ich, darum ist er, im menschlichen Ich das tiefste Ich begründend, mir innerlicher als ich mir selbst.«[10] Alois Haas sagt in Verbindung mit Heinrich Seuse: »Bedingung der Möglichkeit der mystischen Vereinigung mit Gott ist und bleibt jedoch für den Mystiker die fundamentale Entdeckung des eigenen Ich.«[11] Kurz vorher zitiert derselbe Autor Jean Paul: »An einem Vormittag stand ich als sehr junges Kind unter der Haustür. . ., da hatte mein Ich zum erstenmal sich selber gesehen und auf ewig.«
Die östlichen Meditationsweisen gehen nun gerade auf die intuitive Erfahrung des letzten Selbst aus. Ramana Maharshi ermahnte seine Schüler immer wieder, sich zu fragen: Wer bin ich?

Die Zen-Erleuchtung ist die Intuition des tiefsten Selbst. Soweit decken sich die östlichen Erfahrungen mit denen der christlichen Mystiker. Wie sich diese Erfahrung des weiteren auswirkt, ist nicht in jeder Mystik und jedem Menschen gleich. Der christliche Mystiker – wie auch der Sufi-Mystiker – geht über das Selbst, dessen Existenz er jedoch bejaht, hinaus zu Gott, wo er seine Ruhe findet. Der Buddhist erfährt das Absolute nicht personal, sondern apersonal. Daher bleibt auch er nicht beim Selbst stehen, sondern seine Erfahrung ist solcher Art, daß sich das Selbst im Absoluten auflöst. Es hat wohl auf beiden Seiten den Irrtum gegeben, beim Selbst stehenzubleiben. Le Saux sagt zu dieser Erfahrung: »Denn in dem Maße, wie der Mensch in sich eindringt, dringt er auch in Gott ein, und in dem Maße, wie er in Gott eindringt, gelangt er auch zu sich selbst. Will er Gott wirklich finden, so muß er bis zu jener Tiefe seiner selbst hinabsteigen, wo er nur mehr das Bild Gottes ist, wo sich an seinem Grundquell nur noch Gott findet. Vorher gelangt der Mensch unmittelbar stets nur zu Gott, wie sein Denken oder Bewußtsein ihn widerspiegelt. Zweifelsohne geht seine Liebe weiter als seine Erkenntnis, so daß die Flamme seiner Liebe direkt zum Herzen Gottes geht. Allein es gibt auch Tiefen der Liebe, die nur möglich scheinen, wenn die letzten Falten des Seins klargelegt sind.«[12]

Es läuft schließlich darauf hinaus, daß der »neue Mensch« Mystiker werden soll und kann. Sein Erkennen wird nicht nur ein verstandesmäßiges, sondern auch ein »mystisches« Erkennen sein. Das aber setzt voraus, daß alle Hindernisse, die der mystischen Erfahrung im Wege stehen, beseitigt werden durch die Läuterung, von der alle Mystiker in Ost und West wissen. Man hat schon seit langer Zeit im christlichen Bereich – nicht in den Hochreligionen Ostasiens – darüber gestritten, ob alle Menschen zur Mystik berufen seien. Heute muß diese Frage von neuem gestellt werden, mit Rücksicht auf den neuen Menschen. Die Antwort ist nicht selbstverständlich dieselbe für die Vergangenheit und Zukunft. Vielmehr scheint es, als ob das, was früher ein besonderes Privileg einiger weniger war, in Zukunft allen zugedacht ist, die sich ernstlich und in richtiger Weise darum bemühen. Die Häufigkeit mystischer Erfahrungen in den letzten Jahrzehnten ist auffällig. Desgleichen ist es ungewöhnlich, daß sie oft von solchen gemacht wurden, die nicht in Klöstern lebten, sondern einen weltlichen Beruf hatten. Während die Mystik in der Vergangenheit im sakralen Raum zu Hause war, scheint sie neuerdings diese Schranken zu durchbrechen und in den profanen Raum hinauszugehen. Es ist ja schon so weit gekommen, daß die Meditation, die früher in der Ordensregel vorgeschrieben war, mancherorts freigestellt oder sogar abgeschrieben ist, während man in der profanen »Welt« überall von Meditation redet und sie übt.

Wenn die Perspektive, die hier nur angedeutet werden konnte, richtig ist, so hat die Meditation im allgemeinen, und damit auch die östliche Meditation, soweit sie jedem einzelnen möglich ist, nicht nur für diesen, sondern auch für die Menschheit allgemein eine entscheidende Bedeutung. Sollten wir uns nicht mehr um ein Verständnis dessen bemühen, was im Grunde gegenwärtig mit der Menschheit vor sich geht? Es ist gewiß wahr, daß wir mit den drängenden Fragen der Menschheit wie Krieg und Grausamkeit, Hunger und Not von Millionen überwältigend in Anspruch genommen sind und sein müssen. Es fehlt die Muße, weitschauende Pläne zu machen. Und doch: Solange wir immer nur Löcher stopfen, damit irgendwo abgeholfen oder Schlimmeres für eine Zeitlang verhütet wird, kommen wir aus der Not nicht heraus. Die Kräfte des Menschen müssen von innen erneuert und neue Kräfte geweckt werden, die in der menschlichen Natur latent vorhanden sind, bis ein neuer Mensch aus den Trümmern der alten Welt geboren wird, der sich eine Welt schaffen kann, die seiner würdig ist und ihn glücklich macht. Man spricht viel von einer besseren Welt, die man schaffen möchte. Sollte man sich nicht noch mehr um eine glücklichere Welt bemühen, in der es echte Freude gibt, und Wege suchen, die Menschen glücklicher zu machen trotz aller Bedrängnis, die sie umgibt?

Wir sollten uns dabei nicht scheuen, vom Osten in der Form der dort entwickelten Meditation Hilfe anzunehmen. Das ist nicht deshalb zu befürworten, weil der Osten faszinierend ist, sondern weil wir trotz aller Errungenschaften seelisch geschwächt sind. Eine geistige Bluttransfusion vom Osten in dem Sinne könnte uns nur helfen. Denn es geht gar nicht darum, eine andere Religion an die Stelle des Christentums zu setzen, sondern genau darum, unser Christentum zu stärken. Wir haben eine neue Liturgie geschaffen, aber die religiöse Erneuerung, die man davon erwartet hatte, ist doch noch kaum zu spüren. Die »geistige Erde« ist nicht genügend bereitet. Darum kommt die schönste Liturgie bei gar zu vielen Menschen nicht recht an. Weitere Verbesserungen, die auch erwünscht sind und gewiß mit der Zeit kommen werden, sind jetzt weniger dringend, als daß der seelische Grund durch die Meditation dafür empfänglich gemacht wird. Die Ruhe, die durch die östliche Meditation erlangt wird, hat eben doch auch für den Christen ihre Bedeutung. Carl Albrecht hat einmal gesagt: »Auch sagen die Mystiker – die man in ihrem Erkennen sehr ernst nehmen muß –, daß die stehende Gegenwart der ›Ort‹ ist, wo die Ewigkeit die Zeit berühren kann. Wenn die Seele alles in der Zeit seiende ›gelassen‹ hat, von allem entleert in der totalen Ruhe verweilt, dann steht die Zeit und wird von der Ewigkeit überformt.«

Eine neue Dimension im religiösen Bereich

Ein neues Zeitalter

Man spricht heute bisweilen vom Bild eines »modernen« Heiligen im Gegensatz zu dem, was man sich früher darunter vorgestellt hat. Dabei wird vor allem betont, daß und wie sich dieser den veränderten Lebensverhältnissen in der Welt anpassen würde. Das gilt im wesentlichen auch für jeden Christen, der es ernst meint mit seiner Religion. Die Trennung zwischen Kirche und Welt, wie sie sich durch die Säkularisierung entwickelt hat, läßt sich nicht mehr aufrechterhalten. Der Christ soll die Welt nicht mehr als das Draußen betrachten, sondern als das Drinnen, in dem er selbst zu Hause ist. In einen weiteren Rahmen gefaßt würde das heißen, daß die Grenzen zwischen sakralem und profanem Bereich allmählich verschwinden. Das gilt nicht nur vom Christentum, sondern auch von anderen Religionen, soweit sie in einer säkularisierten Welt weiterhin existieren wollen.

Es wäre aber ein großer Irrtum zu meinen, mit einer äußerlichen Anpassung sei es schon getan. Die innere ist viel wichtiger, aber auch schwieriger[13]. Wie jedermann weiß, ist der Prozeß der äußeren Anpassung in der katholischen Kirche schon im vollen Gang. Das gilt besonders von den religiösen Ordensgemeinschaften, die sich wohl ausnahmslos in einer schweren Krise befinden, die durch den Rückgang der Berufe und die große Zahl der Austritte gekennzeichnet ist. In diesem Sinne haben zum Beispiel viele, sogar kontemplative Orden die bisher in der Regel vorgeschriebenen Bußübungen ganz oder zum Teil aufgegeben. Manche gehen noch weiter und sehen es auch ungern, daß einige ihrer Mitglieder solche Gewohnheiten aus eigener Initiative beibehalten. Ähnliche Maßnahmen wurden in vielen äußeren Dingen in den letzten Jahren durchgeführt, wenn auch zunächst nur zur Probe. Auf diesen sehr großen Fragenkomplex im einzelnen einzugehen, ist natürlich nicht möglich. Statt dessen möchten wir dazu von der Sicht auf die Zukunft, die schon mit dem »neuen Menschen« angedeutet wurde, in Form eines Bildes Stellung zu nehmen:

Wenn ein Haus so baufällig ist, daß es nicht mehr ausgebessert werden kann, so tut man gewiß gut daran, es abzureißen und ein neues zu bauen. Aber kluge Leute behelfen sich noch mit dem alten Haus, machen vielleicht auch noch einige ganz dringende Reparaturen, konzentrieren sich im übrigen aber ganz auf den Neubau, bis dieser fertig ist und sie dort einziehen können. – Wir sind heute soweit, daß wir alle irgendwie fühlen: So geht es auf die Dauer nicht weiter. Das Alte muß verschwinden, und ein Neues muß kommen. Es zieht ein neues Zeitalter herauf, das so fundamental verschieden ist von allem Bisherigen, daß es mit Reparaturen des Alten nicht getan ist. Entweder bejahen wir diese Wirklichkeit und handeln entsprechend, oder wir setzen uns der Gefahr aus, daß wir eines Tages unter den Trümmern des alten Hauses begraben werden. Dieser Tatsache sollten wir klar in die Augen sehen. Manche Menschen wollen das nicht wahrhaben, weil sie sich fürchten. Andere wollen das alte Haus abreißen, ohne zu wissen, wo und wie sie ihr neues Haus bauen können und sollen. Wir leben in einer Zeit des Übergangs und müssen behutsam vorangehen: denn die echten Werte, die im alten Haus waren, sollten im neuen integriert erhalten bleiben. Der Mensch der Zukunft wird sich vielleicht kaum noch an das erinnern, was gewesen ist. Er wird sich kaum vorstellen können, wie man mit einer so primitiven Denkweise zufrieden sein konnte, auf deren Errungenschaften wir heute so stolz sind.

Für das richtige Verhalten in der Übergangszeit, in der wir jetzt leben, ist noch eines von großer Bedeutung, nämlich, daß wir wenigstens einigermaßen wissen, wo es hingeht, wenn auch das letzte Ziel noch fern ist oder zu sein scheint. Darüber möchten wir noch einige Gedanken vorlegen.

Jan Gebser, der das »neue Denken« in seinen Schriften eingehend behandelt, spricht in diesem Zusammenhang von der vierten Dimension. Er sagt, daß die neue Weltsicht nicht mehr wie die bisherige rational und dreidimensional und daher perspektivisch vorstellbar ist, sondern arational und vierdimensional. Erst durch das Hinzukommen der vierten Dimension kann das Ganze wahrgenommen werden. Aber es ist zeit-raum-frei und kann daher nicht mehr perspektivisch vorgestellt werden. Die Entwicklung des menschlichen Denkens ging vom Irrationalen zum Rationalen und wird im nun anbrechenden Zeitalter weitergehen zum Arationalen. Das Irrationale war *noch nicht* vorstellbar. Das Rationale ist vorstellbar. Das Arationale ist *nicht mehr* vorstellbar. Diese Gedanken mögen für manchen beängstigend sein. Aber wie Gebser darlegt, sind sie durchaus wissenschaftlich begründet, und es muß mit ihrer Verwirklichung gerechnet werden. In Wirklichkeit bedeuten sie eine Befreiung. Mit dem vierdimensionalen Denken wird der rationale Dualismus aufgehoben, was in der Wissenschaft schon zum Teil geschehen ist. So ist zum Beispiel »der Dualismus Energie – Materie durch Einstein aufgehoben worden; der von Korpuskel und Welle als Erscheinungsformen der Materie durch die neue Wellenmechanik eines Schrödinger; ein anderer Dualismus, jener von Seele und Körper, durch die psychosomatische Forschung, und der philosophische von Essenz und Existenz stellt sich als unhaltbar heraus«[14]. Die Entwicklung geht sichtlich auf eine Überwindung des Dualismus hin. Diese Beispiele »zeigen uns, in welchem Grade die Welt nicht mehr nur ein räumlich faßbares Gegenüber für uns ist, das wir perspektivisch fixieren können . . . Wir sind nicht mehr in derselben Weise an den Raum gebunden und damit perspektivisch fixiert, wie es für frühere Zeiten der Fall war; wir haben uns von der Perspektive, durch die wir das räumliche Gegenüber darstellen konnten, gelöst und befreit . . .«[15]

Die vierte Dimension der Mystik

Die Frage ist nun: Wie wirkt sich all das auf den religiösen Bereich aus? Was war bisher das Ideal eines christlichen Heiligen? Offenbar gehörte dazu ein unerschütterlicher Glaube an die geoffenbarte Wahrheit, wie sie in der Heiligen Schrift enthalten ist. Dieser Glaube mußte um jeden Preis gewahrt und bekannt werden bis zum Einsatz des Lebens. Dasselbe galt für ein sittenreines Leben durch treue Beobachtung der Gebote Gottes, so wie der einzelne dies in seinem Gewissen verstand. Die Kirche hat daher auch immer an erster Stelle den Heroismus der Tugend verlangt, damit einer ihrer Gläubigen als Heiliger öffentlich anerkannt werden konnte. Wer alles das immer und überall beobachtete, wurde als Heiliger betrachtet. Es wurde dagegen nie verlangt, daß er auch mystische Erfahrungen gehabt haben müsse, wenn auch viele und vielleicht sogar die meisten Heiligen solche Erfahrungen, die bisweilen auch mit Wunderkräften verbunden waren, wirklich gehabt haben. Rechnet man noch hinzu, daß all das sich auch in der Beziehung zum Mitmenschen, besonders der Liebe bis zum Heroismus, auswirken mußte, so war das in wenigen Worten das Bild des christlichen Heiligen. Dieses Bild dürfte mit gewissen Änderungen, die sich aus der zugrundeliegenden Weltanschauung ergeben, außerhalb des Christentums ebenfalls zutreffen und auch in Zukunft unerläßlich sein.

Fragen wir uns nun, wie demgegenüber das Bild des christlichen Heiligen der Zukunft aussehen wird, so kann keine Rede davon sein, daß dieses Bild einfach ausgelöscht werden müßte. Die Frage ist vielmehr, ob eine Vervollkommnung möglich ist im Sinne der neuen Weltsicht, das heißt im Hinblick auf die großen Möglichkeiten, die mit dem neuen Denken gegeben sind. Es ist in diesem Zusammenhang beachtenswert, daß die großen Religionen Ostasiens schon immer und auch jetzt noch eine weitere Forderung stellten und stellen. Das ist die mystische Erfahrung, wie sie dort verstanden wird, nämlich die »Selbstverwirklichung«, Erleuchtung, höchster Grad des Samadhi, oder wie man es nennen will. Mit einem Wort: Der Heilige muß auch ein »Weiser« oder »Erleuchteter« sein, wobei in den östlichen Religionen das letztere den Vorrang hat. Damit soll kein Vergleich angestellt werden bezüglich der Wertschätzung. Es geht hier wenigstens zunächst um etwas anderes, um etwas, das mit der Entwicklung des Menschen zusammenhängt. Es muß gefragt werden: Besteht die Vollkommenheit des Heiligen darin, daß er trotz innerer und äußerer Hindernisse bewahrt und im praktischen Leben verwirklicht, was ihm sein Glaube bzw. sein Gewissen vorschreibt? Das mag bis heute und vielleicht auch weiterhin eine Zeitlang bejaht werden können. Aber wird das auch mit dem großen Umbruch, der oben angedeutet wurde, so bleiben?

Gerade das muß in Frage gestellt werden. Denn solange der Mensch noch aus innerem oder äußerem Zwang handelt, wenn auch nur im Sinne der Abhängigkeit von einem Gesetz oder einer Vorschrift, hat er noch nicht jene persönliche Freiheit, die ihm als Mensch zugedacht ist. Das bestätigt nicht nur die biblische Auffassung vom Ursprung des Menschen, wonach dieser in voller Freiheit und ohne Zwang gut war, sondern auch von seiner Vollendung nach dem Tode, wo auch die Freiheit bestehen bleibt, aber so, daß sie nicht mißbraucht wird. Wenn wir im Rahmen des Diesseits vom Tod bleiben wollen, sollte der Mensch der Endzeit sein wie Christus, der von innen her keine Versuchung kannte, sondern eins mit dem Vater war. Mit anderen Worten: In dem oben entworfenen Bild des Heiligen der Vergangenheit und Gegenwart fehlt noch ein Letztes, das dem Menschen zugedacht ist, nämlich: daß jeder Zwang aufhört. Es fehlt noch ein letzter Schritt, freilich ein großer, nämlich das Bewußtwerden seiner wesentlichen Beziehung zum absoluten Sein. Diese Erfahrung allein genügt dann freilich nicht, sondern sie muß sich darin auswirken, daß der Mensch Schritt für Schritt umgewandelt wird, bis es für ihn eine Selbstverständlichkeit geworden ist, aus der Beziehung zum absoluten Sein zu handeln. Christlich gesprochen ist das die mystische Vereinigung mit Gott und das Wirken aus dieser Beziehung heraus, so daß er wirklich mit Paulus sagen kann: »Ich lebe, aber nicht ich, sondern

Christus lebt in mir« (Gal 2,20). Dann wird auch ein neues Denken möglich, das man ein mystisches Denken nennen kann und das weit zuverlässiger ist als das gegenständliche Denken. Der Dualismus wird endgültig überwunden in der Vereinigung, die bewußt geworden ist und sich auf das Verhalten des Menschen auswirkt. Wenn aber das dem Menschen schon von Natur aus zugedacht ist und die Zeit gekommen ist, wo es nicht mehr eine Ausnahme bildet, sondern die Regel sein kann und sollte, dann gehört es doch wohl auch zur Heiligkeit des Menschen, dieses Ziel zu erreichen.

Man kann theoretisch einen Unterschied zwischen dem Weisen und dem Heiligen machen. Der erste ist im Osten gekennzeichnet durch die große Erleuchtung, die allerdings dann auch die Umwandlung des Menschen zuwege bringen muß. Das besagt, daß der Mensch auch ethisch wirklich vollkommen ist, soweit das in diesem Leben möglich ist. Es ist nämlich auch denkbar, daß ein Mensch im besagten Sinne ein Weiser oder Erleuchteter ist und trotzdem weit zurückbleibt hinter einem Heiligen, wie wir ihn vorher als christlichen Heiligen der Vergangenheit beschrieben haben. Dieser letztere kann als Mensch höher einzuschätzen sein als ein Weiser, bei dem sogar die Gefahr besteht, daß er moralisch versagt, wenn er es nicht auch bis zur ethischen Umwandlung bringt.

Trotzdem sollte in der Zukunft auch der Heilige zur Erleuchtung kommen, das heißt im christlichen Bereich zur mystischen Vereinigung. Diese Eigenschaft scheint uns bei der Frage nach dem Heiligen der Zukunft weit wichtiger als die Verschiedenheiten, die sich aus den Zeitumständen und veränderten Lebensverhältnissen mehr oder weniger notwendig ergeben. Es kommt aber noch etwas hinzu. Der Heilige sollte auch die Aufgabe erfüllen, seinen Mitmenschen Vorbild und Führer zu sein. Dies aber kann er nur, wenn er jene Erfahrungen selbst hat, zu denen er seinen Mitmenschen verhelfen soll. Das wird aber gerade in der neuen Zeit, die anzubrechen beginnt, eine besonders wichtige Aufgabe sein.

Damit kommen wir wieder zur Meditation, die das Hauptmittel

zur Erreichung dieses Zieles ist. Auch die gegenständliche Meditation kann dabei von Nutzen sein, allerdings nur in dem Sinne, daß sie eine Vorbereitung zur Meditation im eigentlichen Sinne ist. Es gibt sogar eine Zeit, wo sie geradezu zum Hindernis werden kann, wie das aus dem Gesagten hervorgehen dürfte. Graf Dürckheim bemerkt zu diesem Sachverhalt treffend: »Die christliche Skepsis oder Ablehnung gegenüber den Übungen, die das Ich einklammern, entsteht oft durch die Sorge, daß mit dem Ich zusammen auch Gott eingeklammert werden könnte. Ihre Weisung lautet daher: Sich keinen Augenblick von Gott oder Christus abwenden, eindeutig in diesem Gegenüber bleiben! Damit ist aber auch etwas gefordert, das die volle Personwerdung gefährdet. Man raubt dem Übenden die Möglichkeit des vertrauensvollen Eintauchens in den übergegenständlichen Grund, in dem allein das Ich mit seinem verhärteten Gottesbild untergehen, an dem allein der eigentliche Personenkern aufgehen kann und in dem allein der Mensch jenen Gottesruf vernimmt, der mehr ist als eine Gegenstimme zu seinem fürchtenden und wünschenden Welt-Ich.«[16]

Manchem mag es scheinen, daß das auf den letzten Seiten angedeutete Ziel gar zu fern liegt. Zugegeben, daß diese Perspektive der Zukunft richtig ist – so wird man sagen –, aber ihre Verwirklichung wird doch erst nach tausend oder gar Millionen Jahren möglich sein. Was hilft uns das jetzt? Freilich, wenn der Mensch dieses Ziel weder sieht noch auch sich bemüht, ihm näher zu kommen, dann ist uns in der gegenwärtigen Not nicht damit geholfen. Nur einige Menschen, denen es im übrigen nicht zu schlecht geht, werden sich an diesen Träumen ergötzen. Aber das Ermutigende ist, daß wir die Möglichkeit haben, dieses Ziel in unsere Nähe zu rücken. Jean Gebser sagt am Schluß des Kapitels über die vierte Dimension: »Eine Fülle von Aufgaben wartet unser. Eine beglückende Fülle sinnvoller Arbeit auf allen Gebieten. Möglichkeiten tun sich auf, die noch vor fünfzig Jahren niemand auch nur zu ahnen gewagt hätte. Nur wahres Leben, wahres Fühlen, wahres Denken können den Nihilismus und die Anthropozentrik überwinden, sind Gewähr dafür, daß

eine neue Weltsicht realisiert und damit die scheinbare Sinnlosigkeit des heutigen Geschehens überwunden wird.«[17]
Noch wichtiger und ermutigender ist vielleicht der Gedanke, daß jeder einzelne Mensch dazu beitragen kann, den Weg zur Verwirklichung dieses Zieles zu verkürzen. Im Zen würde man sagen: Wo immer ein Mensch die Erleuchtung erlangt, da wird das Universum erleuchtet. Christlich gesprochen: Wo ein Mensch zur mystischen Vereinigung kommt, da wird ein Markstein gesetzt, der den Weg für uns alle abkürzt. Umso mehr gilt das für jede Gruppe von Menschen, die sich um dieses Ziel bemüht und anderen hilft, es zu erreichen. Jedes beschauliche Ordenshaus, jeder Ashran und jedes Exerzitienhaus, das in dieser Weise seine Aufgabe erfüllt, ist wie ein elektrisches Kraftzentrum, das den Menschen Licht und Kraft bringt. Dem Menschen sind ja mit der neuen Weltzeit Möglichkeiten gegeben wie nie in der Vergangenheit. Wenn wir sie nur benützen, wird von selbst ein Weltgewissen entstehen, dem man auf die Dauer nicht widerstehen kann, und schließlich wird der noch widerstrebende Teil der Menschheit integriert, und viele Probleme, die heute noch unlösbar scheinen, werden sich lösen. Es ist in die Hand des Menschen gelegt, das ferne Ziel nahezurücken, vielleicht viel näher und schneller, als wir ahnen. Nur muß er es klar sehen und die Mittel ergreifen, die ihm schon jetzt zur Verfügung stehen.

II

Zen – Erleuchtungsweg und christliche Mystik

Weltanschaulicher Hintergrund des Erleuchtungsweges

Bevor wir den Erleuchtungsweg des Zen-Buddhismus betrachten, müssen wir uns einigermaßen darüber klarwerden, worum es dabei geht. Das aber ist eine Frage der buddhistischen Weltanschauung; denn es geht dem Zen-Buddhismus in seinem Streben nach der Erleuchtung nicht um eine Art Übermenschentum oder um die Erlangung außergewöhnlicher Kräfte, sondern um das Kernproblem seiner religiösen Existenz. Wir wollen daher, wenn auch nur kurz, auf einige Punkte hinweisen, in denen die buddhistische Lehre von der christlichen und überhaupt von jeder ausgesprochen monotheistischen Religion abweicht.

Als erstes fällt auf, daß im Buddhismus nirgendwo von einem persönlichen Gott im christlichen Sinne die Rede ist. Man hat deswegen gelegentlich die Frage gestellt, ob denn der Buddhismus überhaupt Religion sei. Daß diese Frage trotzdem zu bejahen ist, wird niemand bezweifeln, der den Buddhismus kennt, so wie er lebt und gelebt wird. Es erübrigt sich wohl, das im einzelnen darzulegen, und es wird auch aus den folgenden Darlegungen von selbst klar werden. Wir werden sehen, daß die vom Christentum her geläufige Definition von Religion einer Erweiterung, einer umfassenderen Interpretation bedarf.

Da kein persönlicher Gott angenommen wird, kann im Buddhismus auch von Schöpfung und Offenbarung im eigentlichen Sinne nicht gesprochen werden. Auch der christliche Begriff der Sünde als Übertretung des göttlichen Gesetzes kommt hier nicht zur Anwendung. Ähnlich ist es mit uns geläufigen Bezeichnungen wie Übernatur und Gnade. Für unser Thema ist der mit allen diesen Begriffen aufs engste verbundene Begriff der Erlösung von größter Bedeutung. Denn der Erleuchtungsweg ist im Zen-Buddhismus der Weg zur Erlösung. Während man Erlösung im christlichen Sinne als Verzeihung der Sünde und Erhebung in die

Übernatur bezeichnen kann, trifft das für den Zen-Buddhismus nicht zu, da es dort weder einen Gott noch eine Übernatur gibt. Dagegen ist Erlösung im buddhistischen Sinne Befreiung vom Leiden und Auslöschung der Begierden, die die Ursache der Leiden sind, bzw. Befreiung aus der Kette der Wiedergeburten, denen der Mensch durch das Gesetz der Kausalität unterworfen ist. Erst wenn er diese Kausalität überwindet, ist er für immer von allem Leiden befreit und vollkommen glücklich.
Doch darf man sich die Kette der Wiedergeburten nicht als eine »Seelenwanderung« vorstellen, die darin besteht, daß ein und dieselbe Seele nach dem Tode des Menschen mit einem anderen Leibe wiedergeboren würde, denn im Buddhismus gibt es keine individuelle und daher auch keine unsterbliche Seele. Es gibt auch kein Ich und kein Selbst, weder im Sinne eines empirischen Ichs noch eines tieferen Selbst. Trotzdem spricht man von einem unsterblichen Leben. Ganz exakt ist freilich auch diese Ausdrucksweise nicht; denn in dem ganzen Prozeß des Rades der Wiedergeburten gibt es, strenggenommen, nur eine Kausalität, der kein Subjekt als Substrat unterliegt *(innen)*. Nach der buddhistischen Philosophie ist nämlich die letzte Wirklichkeit nicht das Sein, sondern das Sosein. In diesem Sinne kann man sagen: »Die letzte Wirklichkeit ist ohne Wirklichkeit«. Negativ ausgedrückt, ist das Sosein die »Leere«, da jede Art irgendeines Zustandes ausgeschlossen ist. Diese »Leere« ist die Grund-Idee der buddhistischen Philosophie. Trotzdem ist sie nicht das absolut-negative Nichts, sondern sie besagt: leer –, frei sein von jeder Bedingung. Die Leere, die hier gemeint ist, ist das Absolute, zu dem alles andere zurückgeführt werden muß. Und damit wird es erlöst[1].
Kommen wir nun nochmals auf das Ich, beziehungsweise Nicht-Ich, zurück. Wenn es keinerlei Ich gibt, so ist die Vorstellung von einem Ich eine reine Illusion, und zwar die schlimmste von allen Illusionen, insofern nämlich, als die Begierden, die die Ursache des Leidens sind, alle um das vermeintliche Ich kreisen. Es gilt daher, vor allem von der Illu-

sion des Ich frei zu werden. Bevor das nicht geschehen ist, kann von einer endgültigen Befreiung und Erlösung im buddhistischen Sinne keine Rede sein.

Während nun die buddhistischen Sekten, was die Hauptprinzipien der buddhistischen Philosophie betrifft, übereinstimmen, ist der Weg zur Befreiung nach einzelnen Sekten verschieden. In Japan teilt man die Sekten unter diesem Gesichtspunkt in zwei Gruppen ein, nämlich in solche, die Erlösung aus eigener Kraft *(jiriki)* und solche, die Erlösung durch fremde Kraft *(tariki)* vertreten. Das Zen gehört der ersten Gruppe an und vertritt einen meditativen Intuitionismus. Das soll heißen, es genügt nicht, die erlösende absolute Wahrheit durch dialektisches Denken zu ermitteln oder auf Grund von Übertragung durch Worte an dieselbe zu glauben. Sie muß vielmehr durch Intuition oder eigene innere Erfahrung erfaßt werden. Zu dieser Intuition gelangt man durch das *zazen* oder die Zen-Meditation. Diese Intuition ist die Erleuchtung *(satori)* oder die Wesensschau *(kensho)*. Es ist die erfahrungsmäßige Erkenntnis der absoluten Einheit allen Seins, in der es weder ein für sich bestehendes Ich noch irgend ein Einzelding und daher auch keinerlei Gegensätze gibt. Man bezeichnet daher die Welt, die sich in der Erleuchtung offenbart, als »Welt der Gleichheit« *(byodo no sekai)* im Gegensatz zur »Welt der Unterschiede« *(sabetsu no sekai)*. Die letztere ist die Welt, wie wir sie durch die Sinne wahrnehmen, durch differenziertes Denken erkennen oder in Begriffen darstellen.

Hier liegt die Frage nahe: Welche Beziehung besteht zwischen der einen absoluten und letzten Wirklichkeit und der gegenwärtigen Welt? Darauf ist zu antworten: in der sichtbaren Welt oder durch die sichtbare Welt wird die letzte und absolute Wirklichkeit transparent. Damit erhält die »Welt der Unterschiede« auf einmal eine überwältigend starke positive Note. Denn das Absolute wird in ihr greifbare Wirklichkeit. Das aber gilt in gleicher Weise von jedem Teil der sichtbaren Welt, und wenn es auch nur ein Tautropfen wäre. Das wird besonders anschaulich in den Lebewesen, da sie als solche ein zeitlich beschränktes Dasein haben, vielleicht nur von wenigen Stunden. Daß der Buddhist sich scheut, das Leben zu vernichten, wäre es auch das einer Mücke oder einer Blume, die heute blüht und morgen vom Winde zerrissen wird, hängt jedoch mit einer volkstümlichen Auffassung von der Wiedergeburt zusammen. Typisch für diese Auffassung sind die in der Darstellungsweise so kargen Zen-Bilder, etwa ein Grashalm mit nur einem einzigen Pinselstrich dargestellt auf weißem Grund: In diesem Grashalm wird die undarstellbare absolute Leere sichtbar[2].

Es ist gewiß nicht leicht für einen westlichen Menschen, sich in diese Gedankenwelt einzufühlen. Aber das ist der Hintergrund, auf dem wir den Erleuchtungsweg des Zen-Buddhismus sehen müssen. Andererseits gibt es trotz größter prinzipieller Verschiedenheiten doch auch Entsprechungen in der christlichen Weltanschauung. Gerade die Besprechung der christlichen Mystiker wird uns dem Verständnis des Zen-Buddhismus näher bringen.

Der Erleuchtungsweg

Die Zen-Meditation (zazen)

Das Zazen ist ohne Zweifel das Hauptmittel zur Erlangung der Erleuchtung. Wenn dieses Mittel zum Ziel führen soll, darf die Meditation freilich nicht alleinstehen, sondern sie muß beständig von einer ihr entsprechenden Lebensweise, soweit das jeweils möglich ist, begleitet sein. Das heißt nun nicht, daß man vollständig von der menschlichen Gesellschaft getrennt leben müsse, etwa in einer Einsiedelei oder in einem Kloster. Das ist zwar für die Meditation die günstigste Bedingung, aber nicht conditio sine qua non, um zur Erleuchtung zu gelangen. Wohl muß man sich um ethische Erneuerung bemühen. Man muß darauf bedacht sein, über die ungeordneten Triebe und Leidenschaften Herr zu werden. Dazu ist freilich auch ein gewisses Maß von Entsagung notwendig. Die Lebensweise der angehenden Zen-Mönche *(unsui)* ist, was Nahrung, Kleidung und Wohnung betrifft, denkbar einfach und karg. Auch der Laie muß, wenn er zur Erleuchtung kommen will, sich nach Möglichkeit einschränken. Von der inneren Haltung soll später die Rede sein.

Um dies noch einmal zusammenfassend in Erinnerung zu bringen, enthält das Zazen selbst drei Elemente: 1. Eine bestimmte Haltung des Körpers; 2. die richtige Atmung; 3. eine entsprechende innere Haltung.

1. Die Haltung des Körpers. Es ist eine bestimmte Körperhaltung vorgeschrieben. Sie besteht darin, daß man auf dem flachen Boden oder auf einem etwa 5 cm hohen Kissen sitzt und dabei die Beine so übereinanderlegt, daß der rechte Fuß auf dem linken Oberschenkel und der linke Fuß auf dem rechten Oberschenkel ruht. Die Arme hängen zwanglos herunter; jedoch werden die Hände in einer bestimmten Weise ineinander gelegt. Der ganze Oberkörper ist einschließlich des Kopfes kerzengerade zu halten.

Die Augen sind auf einen Punkt in etwa 1 m Entfernung auf den Boden zu richten.
Diese Haltung hat eine für das Zazen günstige Wirkung auf Blutkreislauf und Nervensystem; sie dient also der Meditation in dem Sinne, daß sie die Konzentration oder Sammlung begünstigt. Freilich ist sie für den Anfänger sehr schwierig und schmerzhaft, was bei Europäern in höherem Maße zutrifft als bei Japanern, die von Jugend auf gewohnt sind, anstatt auf Stühlen, auf dem Boden bzw. auf Strohmatten zu sitzen. Ist man aber an diese Haltung gewöhnt, so lernt man bald durch eigene Erfahrung, wie wirkungsvoll dieselbe für diese Art von Meditation ist. Wenn jemand physisch nicht imstande ist, sich an diese Haltung zu gewöhnen, ist es ratsam, auf einer niedrigen Bank oder auf einem Stuhl aufrecht sitzend zu meditieren.
2. Die Atmung bietet keine besondere Schwierigkeit. Langes Anhalten des Atems, wie es im indischen Yoga üblich ist, ist beim Zazen nicht vorgeschrieben. Aber es sollte nach Möglichkeit Tiefatmung oder Zwerchfellatmung sein. Das Ein- und Ausatmen soll für gewöhnlich nicht durch den Mund, sondern durch die Nase geschehen, wobei das Ausatmen erheblich länger sein soll als das Einatmen. Dadurch entsteht ein gewisser Rhythmus, der mit der inneren Haltung in enger Beziehung steht. Obwohl die Atmung beim Zazen keine besondere Schwierigkeit bietet, ist sie doch von großer Bedeutung. Das ist um so mehr der Fall, als sie einen regulierenden Einfluß auf die Herztätigkeit bzw. den Blutkreislauf ausübt. So kommt der ganze Körper in Ordnung und zur Ruhe und schafft auf diese Weise die für die Meditation notwendige Voraussetzung.
3. Die innere Haltung ist natürlich die Hauptsache; Körperhaltung und Atmung sollen ihr dienen. Das Ziel ist hier die Bewußtseinsleere (*munen-muso;* ohne Gedanken und ohne Begriffe). Hier klingt die Leere an, von der wir in Verbindung mit der buddhistischen Weltanschauung sprachen. Die Zen-Meditation geht auf das Absolute zu, das dort als Leere bezeichnet wurde.
Da es nun sehr schwierig ist, auf direktem Wege die Bewußtseinsleere herzustellen, versucht man es auf indirektem Wege.

Das vielleicht älteste Mittel, das angeblich auf Buddha selbst, wenn nicht noch weiter zurückgeht, ist das Sich-Konzentrieren auf den Atem, was durch Zählen oder auf andere Weise geschieht. Dadurch wird verhindert, daß man mit anderen Dingen im Geiste beschäftigt ist, aber doch so, daß das Eintreten der Bewußtseinsleere nicht blockiert wird. Ein anderes Mittel, das auch viel angewandt wird, ist das *shikan-taza* (ernstlich sitzen), das heißt, man konzentriert sich ganz auf das Zazen als solches und »kümmert« sich um keinen Gedanken, der einem in den Sinn kommt, indem man sich weder mit ihm befaßt, noch sich bemüht, ihn unbedingt loszuwerden.

Das dritte Mittel, das zur Anwendung kommen kann, ist das sog. *kōan* (wörtlich: öffentliche Führung; der ursprüngliche Sinn des Wortes ist hier kaum noch spürbar). Die Bedeutung des Kōan für das Zen wird bisweilen so stark betont, daß man meinen könnte, ohne dasselbe gäbe es kein richtiges Zazen. Das ist aber nicht so. Die Verwendung des Kōan ist de facto eine spätere Entwicklung. Das Kōan enthält gewöhnlich einen auf den ersten Blick widersinnig erscheinenden Ausspruch eines berühmten Zen-Meisters. Der Schüler versucht zunächst, eine logische Lösung zu finden. Da das aber unmöglich ist und er andererseits immer wieder von seinem Meister gedrängt wird, eine Antwort zu bringen, gibt er schließlich zwar den Versuch einer logischen Lösung, aber nicht das Kōan selbst auf. Sein innerer Blick bleibt unverwandt auf dasselbe gerichtet, und zwar so weit möglich nicht nur während des Zazen, sondern ununterbrochen Tag und Nacht, sogar während des Schlafens, obwohl dann unbewußt. Er läßt das gestellte Problem nicht mehr los und das Problem auch ihn nicht. Wenn er das durchführt, kommt auf einmal der Moment, wo er mit dem Kōan eins wird. Wenn er dann mit aller Kraft weiter übt, dann verschwindet nach nicht langer Zeit das Kōan vollkommen aus seinem Bewußtsein. Damit ist die völlige Leere des Bewußtseins erlangt. Es braucht dann nur eines geringen Anlasses, etwa das Knacken eines morschen Ästleins oder das Fallen eines Blattes vom Baume, und die Erleuchtung tritt ein, manchmal mit elementarer Gewalt gleich einer Explosion, manchmal auch mit geheimnisvoller Stille wie eine sich öffnende Knospe. In diesem Augenblick ist alle Mühe und Angst, die vielleicht jahrelang andauerten, vergessen, als ob sie nie gewesen wären. Damit ist nun freilich noch nicht alles gesagt, was über den Sinn des Kōan zu sagen wäre. Wir müssen uns jedoch darauf beschränken, darauf hinzuweisen, daß das im Kōan zu lösende Problem nicht nur nach dem Gesichtspunkt der logischen Unlösbarkeit gewählt ist, sondern – wenn auch in der äußeren Form oft nicht erkenntlich – eine buddhistische Lehre enthält. Was jedoch nicht besagt, daß über diese Lehre eine Betrachtung angestellt werden soll; denn das würde dem Kōan als solchem die Spitze abbrechen und es für die Erleuchtung wirkungslos machen[3].

Man könnte hier die Frage stellen: Wie lange Zeit braucht man bis zur Erleuchtung? – Das ist nach den einzelnen Menschen verschieden und hängt ab 1. von der Veranlagung, 2. von dem Eifer, mit dem man übt, und 3. von der Leitung des Zen-Meisters.

Was die erste Bedingung betrifft, so kommen Charaktere, die weniger verstandesmäßig und mehr gefühlsmäßig und intuitiv veranlagt sind, schneller zur Erleuchtung als die sog. Verstandesmenschen, besonders wenn diese Veranlagung noch durch theoretisches Studium und andere Einflüsse verstärkt ist. Daher kommen Männer durchschnittlich langsamer zur Erleuchtung als Frauen, und einfache Leute vom Lande (soweit es solche noch gibt) schneller als mit allen Wassern gewaschene Großstädter. Andererseits ist das Satori, das leicht erlangt wird, weniger tief und weniger anhaltend in seinen Wirkungen als das Satori, das erst nach großen Anstrengungen und langer Zeit erworben ist. Daß es auch vom Eifer des Übenden abhängt, ob er früher oder später zum Satori kommt, ist selbstverständlich. Außerdem ist das mit Eifer geübte Zazen, selbst wenn es nicht bis zum Satori führt, stets wirksam. Einige von diesen Wirkungen werden wir gleich kennenlernen.

Die Wichtigkeit der Leitung durch den Zen-Meister ist immer betont worden. Schon der Altmeister Dōgen (1200–1253) hat gesagt, wenn man diesen Weg beschreiten wolle, müsse man vor allem einen guten Meister suchen. Ebenso ist es eine Grundregel im Zen, daß man den Meister nicht wechselt, bevor man das Satori erlangt hat. Diese Bedingung, einen Zen-Meister zu finden, ist besonders schwierig und meistens sogar unmöglich für Europäer zu erfüllen, die nicht bis nach Japan reisen können, um dort die Erleuchtung zu erlangen. Es bleibt ihnen nichts anderes übrig, als sich mit einer guten schriftlichen Anweisung zu behelfen, womit man übrigens erfahrungsgemäß auch ohne einen Zen-Meister recht gute Wirkungen erzielen kann. Einen wirklich guten Zen-Meister finden wir eingestandenermaßen auch in Japan mit jedem Tage schwerer.

Wir müssen nun über einige Phänomene sprechen, die auf dem Wege zum Satori zum Teil während der Meditation, zum Teil auch zu anderer Zeit auftreten können und bei eifrigem und beharrlichem Üben auch auftreten.

An erster Stelle ist hier das *makyō* (Teufelsbereich) zu nennen. Das sind Gestalten oder andere Phänomene, die man zu sehen, oder Stimmen, die man zu hören glaubt, obwohl sich draußen nichts verändert hat. Diese »Erscheinungen« können angenehmer oder unangenehmer Art sein. Oft sind es nur Lichterscheinungen, die aber so stark sein können, daß man meinen könnte, die ganze Zen-Halle stehe in Flammen. Aber man spürt dabei keine Hitze und hört keinen Laut. Da diese Phänomene während des Zazen auch bei ganz gesunden Menschen auftreten, lassen sie sich nicht durch Krankheit erklären. Nach Ansicht der Zen-Meister haben sie ihren Grund darin, daß durch das Zazen das Bewußtsein allmählich entleert wird und aus dem Unbewußten Bilder aufsteigen, die in das entleerte Bewußtsein eindringen. Das Auftreten des *makyō* ist für den Zen-Meister ein Zeichen, daß der Schüler gute Fortschritte macht. Bei Menschen, die leicht zum Satori kommen, tritt bald danach auch die Erleuchtung selbst ein. Andere dagegen brauchen trotzdem noch Jahre bis zum Satori und kommen vielleicht auch dann noch nicht dazu. Für alle gilt – und die Zen-Meister warnen stets davor –, daß man sich nicht um diese Erscheinungen kümmern darf, gleich welchen Inhaltes sie sind. Sie würden sonst für die Erleuchtung selbst zum Hindernis.

Ferner sind hier zwei Wirkungen zu nennen, die einen positiven Wert haben. Die eine ist die durch die Zen-Übungen erlangte Kraft *(joriki)* oder Fähigkeit, die Zerstreuungen des Geistes zum Stillstand zu bringen und seelisches Gleichgewicht und Ruhe herzustellen[4]. Diese Fähigkeit ist nicht nur für jede Art von Meditation von Bedeutung, sondern wirkt sich auch in vieler Hinsicht auf das tägliche Leben aus. So hilft sie, die Ruhe zu bewahren oder sie schnell wiederzufinden, wenn man sie verloren hat. Damit hängt es auch zusammen, daß das Zazen sich auf die Berufstätigkeit günstig auswirkt.

Die zweite positive Wirkung ist die Entwicklung der »Einsicht« (*chi-e* oder *e*), das heißt des intuitiven Erkenntnisvermögens, das dem Menschen nicht ohne weiteres zur freien Verfügung steht, wie das mit der diskursiven Erkenntnisweise der Fall ist[5]. Dies ist zunächst für die Erlangung des Satori von großer Wichtigkeit, da auch dieses ganz und gar in der intuitiven Richtung liegt. Aber auch abgesehen vom Satori, hat diese Wirkung des Zazen für das Religiöse und besonders für den religiösen Glauben große Bedeutung. Menschen, die wegen einer zu rationalistischen Denkweise nicht mehr glauben können, finden durch die Zen-Meditation zu ihrem religiösen Glauben zurück. Selbst bei Christen kann dies geschehen. Diese Art der Meditation hat offenbar eine reinigende Wirkung auf den Geist. Nachdem die allzu anthropomorphe Gottesvorstellung unter dem Einfluß des rationalistischen Denkens unserer Zeit erschüttert oder zerbrochen ist, werden durch die Zen-Meditation die antireligiösen Vorurteile des Rationalismus ausgeschaltet, und anstelle der verlorenen Gotteserkenntnis tritt eine neue, mehr geistige, die nicht mehr verloren geht. So erklärt es sich, daß ein Christ, der seinen Gottesglauben verloren hat, mit Hilfe der Zen-Meditation, in der nie auch nur mit einem Wort von Gott die Rede ist, zu seinem ursprünglichen Gottesglauben zurückfindet. – Gläubige Christen, die das Zazen als Meditation benützen, erkennen bisweilen eine religiöse Wahrheit oder ein Schriftwort mit einer Klarheit wie nie zuvor, auch außerhalb der Meditationszeit.

Endlich verdient noch erwähnt zu werden, daß das Zazen, wenn es viel geübt wird, bisweilen eine außerordentlich intensive Freude hervorruft, die den ganzen Menschen, Leib und Seele, erfaßt. Das geschieht auch außerhalb der Meditation, und zwar unvermittelt und unerwartet. Man hört z. B. in einem einzigen Ton einer Tempelglocke gewissermaßen alle Symphonien Beethovens. Auch andere Wahrnehmungen können dieses Gefühl der Freude auslösen. Solche Phänomene sind schwer zu erklären. Aber an der Tatsache ist nicht zu rütteln. Manchmal sind diese Erfahrungen der unmittelbare Anlaß für die Erleuchtung selbst. Immer setzt das Eintreten eines solchen Erlebnisses voraus, daß man sich, wenn auch ohne es zu wissen, im Zustand des *zanmai* (tiefer Sammlung, *samadhi*) befindet.

Die Erleuchtung selbst

Wie gesagt, ist das Satori ein Erlebnis vollkommener Einheit, in der es kein Ich-Bewußtsein mehr gibt. Daher sieht der Buddhist darin die Bestätigung seiner Lehre von der All-Einheit des Seins. Da mit der vollkommenen Einheit alle Gegensätze aufgehoben sind, verschwindet jeder Zweifel und jede Furcht, und an deren Stelle tritt das Gefühl vollkommener Sicherheit. Man erfaßt nun erlebnismäßig das im Zen oft genannte Einssein von Leben und Tod *(shoji-ichinyo)*. Solange nicht wenigstens in dieser Form die Auflösung aller Gegensätze erfaßt ist, kann von Satori keine Rede sein. Ist dieser Grad aber erreicht, so werden durch weiteres Üben und erneute Satori-Erlebnisse alle Gegensätze aufgelöst, alle Unruhe und Furcht schwinden bis hinein in die Dinge des täglichen Lebens.
Aber das allein genügt noch nicht. Das Satori muß sich auch auf die ethische Umwandlung des Menschen auswirken. Der Mensch muß trotz der Erleuchtung weiter üben, bis er innerlich ganz frei und ein »geistiger« Mensch geworden ist, der über den Trieben steht und wie von selbst das Rechte und Gute tut. Auch diese Umwandlung beginnt schon, bevor das Satori erlangt ist. Bemerkenswert ist, daß hier die ethische Umwandlung in anderer Weise

geschieht als in der christlichen Askese. Bei dieser bemüht man sich, seine Fehler und Schwächen zu erkennen und zu bessern. Gleichzeitig bemüht man sich um die Erlangung jener Tugenden, deren man besonders bedarf. In der Zen-Meditation denkt man weder an seine Fehler noch an eine bestimmte Tugend, um die man sich bemühen möchte. Dennoch verschwinden die Fehler nach und nach, und die Tugenden wachsen mehr und mehr. Der Mensch wird umgewandelt, ohne daß er bewußt im einzelnen danach strebt. Vielleicht fragt er sich eines Tages verwundert: bin ich denn ein anderer Mensch geworden?

Kommt die Erleuchtung hinzu, dann geht die Entwicklung noch besser voran, bis der Mensch schließlich – buddhistisch gesprochen – eins mit der Natur oder mit dem Kosmos wird und in voller Harmonie mit diesem denkt, plant und handelt. Er braucht dann keines Gesetzes und keines Zwanges mehr, um das Rechte zu tun. In diesem Sinne steht er jenseits von Gut und Böse. Denn das »Jenseits von Gut und Böse« heißt nicht, daß ihm erlaubt ist, das Böse zu tun, sondern daß er ohne zu denken und zu zielen das Rechte und das Gute trifft. Es versteht sich von selbst, daß es nicht leicht ist, bis dahin zu kommen. Nur wer alles verliert, kann alles gewinnen. Es ist in Wahrheit ein Sterben und Auferstehen zu einem ganz neuen Leben. Erst wenn der Mensch das vollbracht hat, ist er ein wahrhaftig Erleuchteter. Er lebt dann zwar weiterhin in der Welt der Gegensätze und paßt sich ihr auch an. Er bleibt wie jeder andere allem von außen kommenden Leiden ausgesetzt. Aber geistig ist er schon frei und erlöst, er befindet sich bereits im Zustand des Nirvana. Für das vollkommene Nirvana freilich ist das Erlöschen des Körpers notwendig, so wie das Verschwinden aller Wellen die Vorbedingung für die vollkommene Stille des Wassers ist.

Im Zen-Buddhismus hat man die ganze Entwicklung vom Zustand vor der Erleuchtung bis zur Erleuchtung und ihrer vollen Auswirkung durch die sog. »Zehn Bilder des Ochsen« *(jūggū-zu)* symbolisch dargestellt. Der Verlauf ist kurz folgender: Die Bilder stellen einen Bauern dar, der seinen Ochsen sucht, der ihm davongelaufen ist. Nach vielem Suchen entdeckt er die Fußspuren und schließlich auch den Ochsen selbst. Mit vieler Mühe legt er ihm den Zügel an, aber das Tier sträubt sich noch, ihm zu folgen. Endlich gelingt es ihm, den Ochsen wieder zu gewöhnen, und er sitzt nun, vergnügt die Flöte spielend, auf seinem Rücken. Das Tier geht, wohin er will. Das sind die ersten sechs Bilder. Der Ochse ist das wahre Selbst, das der Mensch verloren hat. Er sucht lange und findet es. Das ist der Augenblick des Satori. Aber die Leidenschaften sind noch widerspenstig, bis er schließlich seiner selbst Herr wird und zur wahren Freiheit gelangt. Auf dem siebten Bilde ist er allein. Das heißt, das Ich und sein Herz sind eins geworden. Das achte Bild stellt nur einen leeren Kreis dar: alle Gegensätze sind aufgehoben, selbst der von Erleuchtung und Nicht-Erleuchtung. Das neunte Bild stellt eine Landschaft dar. In der Außenwelt hat sich nichts geändert, aber der Erleuchtete sieht sie mit anderen Augen als vorher. Auf dem zehnten und letzten Bild sehen wir, wie er sich bemüht, auch seinen Mitmenschen den Weg aufzuzeigen, auf dem er selbst das wahre Glück gefunden hat.

Christliche Mystik

Wenden wir uns nun der christlichen Mystik zu und vergleichen wir den Weg der mystischen Vereinigung mit dem Erleuchtungsweg des Zen-Buddhismus. Wir schicken voraus, daß wir hier Mystik als experimentelle Gotteserkenntnis, also im engeren Sinne meinen, wie wir sie von den christlichen Mystikern her kennen.

Im Zen ist das Wort »Meditation« in Verbindung mit dem Zazen nicht beliebt und man sträubt sich oft dagegen, die Erleuchtung als mystische Erfahrung zu bezeichnen. Aber wir dürfen nicht vergessen, daß die Kenntnis der christlichen Askese und Mystik selbst bei den meisten Zen-Mönchen noch recht unvollständig ist. Man stützt sich immer wieder auf einige Vorurteile, die man gegen die christliche Mystik hegt. Wir wollen uns daher nicht abhalten lassen, zu versuchen, eine gemeinsame Linie bei beiden Wegen zu finden.

Was die entfernte Vorbereitung für den mystischen Weg betrifft, so ist es genügend bekannt, daß hier ebenso wie im Zen die Entsagung oder das »Lassen«, wie es die deutschen Mystiker nennen, unbedingt notwendig ist und bis zur letzten Konsequenz durchgeführt werden muß. Wer würde nicht an das Wort des hl. Johannes vom Kreuz vom »Nichts hoffen, nichts fürchten, über nichts sich freuen, über nichts traurig sein« erinnert, wenn er bei Dōgen liest: »Nichts im Herzen verabscheuen, nichts im Herzen erbitten, nichts im Herzen bedenken, nichts im Herzen bedauern«[6]!

Es ist auch Tatsache, daß man in Japan selbst von nicht-christlicher Seite den Katholizismus oft mit dem Zen vergleicht, weil es dort religiöse Orden mit Gelübden gibt und auch außerhalb derselben auf eine aszetische Haltung Wert gelegt wird, während man die anderen christlichen Bekenntnisse mit dem Shin-Buddhismus vergleicht, der mehr als das Zen den Konfidenzglauben betont. Nicht wenig haben dazu die Trappistenklöster beigetragen, die schon Ende des vorigen Jahrhunderts in Japan gegründet wurden und überall wegen ihrer strengen Lebensweise bekannt sind.

Christliche Gnosis

Was zunächst die Wichtigkeit oder gar Notwendigkeit der mystischen Erfahrung betrifft, so liegt die Sache hier anders als im Zen-Buddhismus. Im Christentum hat immer die Auffassung bestanden, daß der Glaube allein – wir sprechen hier nicht von der Frage nach der Notwendigkeit der Werke – genügt und eine darüber hinausgehende intuitive, mystische Bestätigung nicht zum Heil erforderlich ist. Man ist oft sogar noch weiter gegangen und hat gesagt, daß die mystische Erfahrung nicht für alle, sondern nur für wenige dazu Berufene sei.
Trotzdem finden wir in den ersten christlichen Jahrhunderten in dieser Beziehung eine gewisse Parallele mit dem Zen. Es ist die Zeit der Gnosis, in der das Sehnen nach der Offenbarung des unsichtbaren Gottes sehr stark war. Klemens von Alexandrien (gest. vor 215), der dem Verlangen seiner Zeitgenossen entgegenzukommen suchte, ging zwar nicht soweit, daß er eine solche Offenbarung als zum Heile unbedingt nötig erachtete; aber er hielt sie für notwendig zur Erlangung der christlichen Vollkommenheit. Er sagt:
»Nach meiner Meinung ist die erste Umwandlung im Heilsprozeß die Hinüberführung vom Heidentum zum Glauben, die zweite aber die vom Glauben zur christlichen Einsicht«[7]. An anderer Stelle sagt er: »Unser Ziel ist, zu zeigen, daß nur der erleuchtete Mensch heilig und fromm ist und allein den wahrhaftigen Gott so verehrt, wie es Gottes würdig ist«[8].
Man kann darüber streiten, was hier mit »Einsicht« gemeint ist. Aber wenn es auch nicht die mystische Erfahrung im engeren Sinne ist, so doch gewiß eine intuitive Erkenntnis im Sinne der Gnosis, die allerdings dann als eine Wirkung des Hl. Geistes

bzw. der Taufgnade aufzufassen ist. In Verbindung mit dem, was wir über die Wirkungen des Zazen gesagt haben, liegt der Gedanke nahe, daß auch unsere Zeit eben dieser Gnosis bedarf, um den immer mehr schwindenden Glauben neu zu beleben.

Christliche Meditation

So wie das Zazen der normale Weg zur Erleuchtung ist, so ist die christliche Meditation der Weg zur christlichen Mystik, das heißt zur erfahrungsmäßigen Gotteserkenntnis, gewöhnlich (durch die Gnade) »eingegossene Beschauung« genannt. Andere mystische Erfahrungen, wie Visionen, Offenbarungen etc. sind als akzidentell zu betrachten; wir brauchen sie hier nicht zu berücksichtigen.

Wir vergleichen zunächst die christliche Meditation mit der Zen-Meditation. Was Körperhaltung und Atmung betrifft, so bestehen dafür in der christlichen Meditation keine festen Normen. Der hl. Ignatius von Loyola erwähnt in seinen »Geistlichen Übungen« zwar die Körperhaltung, aber gibt keine bestimmte Form an, sondern nur ein Prinzip, nämlich daß man diejenige Haltung einnehmen oder beibehalten soll, in der man jeweils am besten meditieren kann, sei es nun Knien, Stehen, Sitzen oder auch Liegen. Das Gehen erwähnt er bezeichnenderweise nicht.

Was die innere Haltung der christlichen Meditation betrifft, so hat sie gewöhnlich ein Objekt, einen Betrachtungsgegenstand, den es, wie wir gesehen haben, im Zazen nicht gibt. Daher kennt man im Zen auch keine Vorbereitung auf die Meditation am Vorabend, die darin besteht, daß man den Betrachtungsstoff auswählt und kurz durchgeht. Man beginnt also in der christlichen Meditation damit, einen Gegenstand, z. B. eine Begebenheit aus dem Leben Jesu, zu betrachten, indem man sich daran erinnert, sie sich allenfalls auch mit der Phantasie vorstellt, darüber nachdenkt, eine Lehre daraus zu ziehen sucht und, je nach dem Ergebnis dieser Erwägungen, Vorsätze faßt und Gott

um seine Gnade dazu bittet. Natürlich kann das auch auf andere Weise geschehen, aber es ist ein Betrachtungsgegenstand vorhanden, mit dem man sich bewußt beschäftigt.
Im Laufe der Zeit tritt – so sollte es wenigstens sein – die Tätigkeit des Gedächtnisses und Verstandes mehr zurück. Die Betrachtung wird mehr affektiv und nimmt die Gestalt des Zwiegespräches mit Gott an. Der nächste Schritt, die Vereinfachung der Willenstätigkeit selbst, ist schon bedeutend schwieriger und besteht darin, daß man mit einem einzigen anhaltenden Akt auf den Betrachtungsgegenstand gerichtet ist. Es ist, wie wenn man ein Gemälde in allen Einzelheiten studiert hat und nun das Ganze längere Zeit hindurch auf sich wirken läßt. Die Meditation ist also sehr einfach geworden, aber sie ist immer noch »gegenständlich« und in der Form noch nicht bei der Zen-Meditation angelangt.
Außerdem ist es gar nicht selbstverständlich, daß sich die Meditation in der beschriebenen Weise zu einem einzigen Akt entwikkelt. Wohl ist es durchaus normal, daß die gegenständliche Betrachtung, so wie man sie im Anfang geübt hat, trotz allem Eifer des Meditierenden im Laufe der Zeit gewissermaßen austrocknet. Aber sehr oft bleibt sie in diesem Stadium stehen, und der Betrachtende wird von vielen Zerstreuungen heimgesucht und im Gebete behindert. In manchen Fällen ändert sich vielleicht die Lage mit Hilfe einer besonderen Gnade Gottes, und der Betreffende kommt zu einem tieferen und einfachen Gebet. Tatsache ist, daß viele an diesem kritischen Punkt stehen bleiben und nicht wissen, wie sie darüber weg kommen können, und dann entweder die Meditation ganz aufgeben oder die Zeit durch eine geistliche Lesung oder auf andere Weise religiös ausfüllen.
Das traditionelle Zen kennt diese Art der Betrachtung nicht, sondern hat von Anfang an keinen Gegenstand. Es beginnt mit dem Nichts, was nach seiner Weltanschauung und dem ausgesprochenen Zweck seiner Meditation nicht zu verwundern ist. Freilich stößt es da auch auf große Schwierigkeiten, die es mit den früher beschriebenen Mitteln zu überwinden sucht.

Die Frage ist: Gibt es auch eine christliche Meditation, die wie das Zazen keinen Gegenstand hat, sondern direkt auf die Erfahrung des Absoluten abzielt? Im Christentum würde das gleichbedeutend sein mit: auf die Erfahrung Gottes. Gewiß, auch die christliche Meditation, und zwar jede, geht schließlich auf das Absolute, also auf Gott hin. Durch die Meditation soll Gott immer besser erkannt werden und als Person immer vollkommener geliebt werden, wobei die Liebe zum Mitmenschen wesenhaft eingeschlossen ist. Das ist das Ziel aller christlichen Aszese. Aber es fragt sich, ob es im Christentum nur eine Meditation gibt, die Gott zum Gegenstand hat in der Weise, daß sie über Gott nachdenkt, wie es in der oben beschriebenen Weise geschieht. Oder ob es auch dort eine Meditation gibt, die zu einer intuitiven und unmittelbaren Gotteserkenntnis kommt.
Nach der Auffassung der meisten Theologen ist es dem Menschen nicht möglich, in diesem Leben zu einer vollkommen intuitiven Erkenntnis Gottes zu kommen. Die *visio beatifica* kann erst nach dem Tode stattfinden. Schon im Alten Testament steht geschrieben: »Kein Mensch sieht mich (Gott) und bleibt am Leben« (Ex. 33,20), und Johannes sagt: »Gott hat nie jemand geschaut; der Eingeborene, der Gott ist, der im Schoße des Vaters ist, er brachte uns die Offenbarung.« (Joh 1,18). Dennoch sprechen sowohl die Kirchenväter als auch die Mystiker oft von einem Schauen Gottes, das im Gegensatz zu der auf dem Glauben beruhenden Gotteserkenntnis auch experimentelle Gotteserkenntnis genannt wird, ähnlich wie man im Zen das Satori oder die Wesensschau im Gegensatz zur theoretischen Erkenntnis als Erfahrung bezeichnet. Tatsächlich gibt es auch im christlichen Bereich eine Meditation, die die experimentelle Gotteserkenntnis zum Ziel hat. Wir wollen darüber später einige Mystiker des westlichen Christentums hören und danach auch die Mystik der Ostkirche zum Vergleich heranziehen. Wir werden sehen, daß diese christliche Meditation, was die geistige Seite betrifft, dem Zazen sehr ähnlich ist.

Fragen zur »Absolutheit des Christentums«

Ich möchte einige Fragen, die mir immer wieder in diesem Zusammenhang gestellt werden, beantworten:
Läßt echte Gotteserfahrung Differenzierungen in Religionen zu, haben dort, wo es echte Gotteserfahrung gibt, Absolutheitsansprüche noch Bedeutung? Buddha sagt: Glaubt nicht mir, es kommt auf eure Erfahrung an. Es gibt nicht zwei Gipfel, sondern nur den Menschen als Geschöpf Gottes und Gott selbst als den *einen* Gipfel.
Es scheint, daß der Absolutheitsanspruch des Christentums gegenüber den östlichen Hochreligionen unhaltbar geworden ist. Heißt das nun, daß man sich der Ansicht gewisser indischer Heiliger anschließen soll, die Christus zwar als eine Verkörperung des Göttlichen betrachten, als einen Guru, ihm aber seine Einzigartigkeit absprechen, die ihm nach christlicher Auffassung eigen ist? Oder dürfen wir uns der Ansicht anschließen, die der holländische Missionar Kraemer einmal so ausgedrückt hat: Absolutheitsanspruch des Christentums – nein, Absolutheitsanspruch in bezug auf Christus – ja. In diesem Falle könnte der Glaube, daß Christi Erscheinen auf Erden zum entscheidenden Wendepunkt in der Entwicklung der Menschheit geworden ist, bestehen bleiben. Was fallen gelassen werden müßte, ist nur der Anspruch, daß das sogenannte Christentum dieses Ereignis in gültiger Weise vertreten habe. Wir müssen erkennen, daß die Schüler durch viele Jahrhunderte hindurch nicht das gelebt haben, für das der Meister lebte und starb und auferstand. Konsequent zu Ende gedacht, müßte diese Erkenntnis zu einer umfassenden Metanoia der christlichen Kirchen führen und zu der Bereitschaft, in Zukunft ein freieres, weniger konfessionell-dogmatisch gebundenes Christentum zu vertreten.
Ich darf zunächst, was meine Antwort betrifft, sagen, daß ich nicht von zwei Gipfeln spreche, sondern von *einem*. Gemeint ist

die mystische Erfahrung, nicht verschiedene Systeme oder Denkformen oder Religionen; zu diesen will ich nun nicht unmittelbar Stellung nehmen. In der Meditation und in einem gewissen Sinne überhaupt in der mystischen Erfahrung wird ja zunächst die Ruhe hergestellt. Wir kommen zum eigentlichen Menschlichen in einer Erfahrung, die zugleich die Erfahrung des Absoluten einschließt. Ob es dabei um »das Absolute«, also um etwas Unpersönliches oder um »den Absoluten«, also etwas Persönliches geht, ist eine andere Frage, die nicht durch die Erfahrung allein geklärt werden kann.

Beim Dialog, der mit den Vertretern beider Ansichten zu führen ist, müssen wir bedenken, daß der Begriff »Person« vom Menschen genommen ist und deswegen nie vollständig für das Absolute passen kann. Die Erfahrung ist überrational oder, psychologisch gesehen, eine rein geistige Tätigkeit und daher von allen Begriffen losgelöst. Sie kann ein anderes Gewand, eine andere Färbung oder Interpretation haben, je nach der Weltanschauung des Erfahrenden. Es ist dabei zu betonen, daß der Mystiker bei diesem Erlebnis eine vollkommene Einheit zwischen Gott und sich empfindet, richtiger gesagt, daß er in dieser Erfahrung keinen Unterschied mehr zwischen Gott und sich empfinden kann. Darin trifft er sich mit der Erfahrung des Zen. Ob und wieweit man deshalb von einer Identität beider Systeme, nämlich von Buddhismus und Christentum, sprechen kann, ist eine andere Frage. Auf keinen Fall darf man einfach eine Vermischung vornehmen. Diese wird nicht nur von unserer Seite, sondern auch von seiten der Buddhisten, auch der Zen-Buddhisten, ganz entschieden abgelehnt. Dazu hat mein bester Freund etwas Wichtiges gesagt. Er ist ein sehr erfahrener Zen-Mönch, mit dem ich nicht im Verhältnis von Schüler und Meister stehe, sondern wirklich wie ein Bruder zum Bruder. Er hat mich immer ermutigt, das Zen zu studieren, es zu üben und es auch den Katholiken zu vermitteln. Er sagte: »Das Zen fehlt euch, ihr solltet es erfahren, aber ohne Buddhisten zu werden.«

Was nötig wäre, ist ein Dialog; ihn dürfen wir uns nicht zu einfach vorstellen. Wir müssen uns fragen, ob wir überhaupt schon fähig sind, diesen Dialog zu führen. Dazu sind wir erst imstande, wenn wir die Dinge auch vom Standpunkt eines Inders oder eines Buddhisten zu sehen vermögen. Dieselbe Frage wird etwa vom Standpunkt eines Inders ganz anders aufgegriffen. Ein Beispiel: Ein Inder hört, daß eine typische Erscheinung des Westens die Angst vor dem Tod ist. Es dürfte in einem gewissen Sinn richtig sein, daß sich diese Angst bei uns viel ausgesprochener als im Osten findet, obwohl natürlich auch der östliche Mensch lieber lebt als stirbt. Man fragt sich, wie das kommt. Die Inder sagen: weil wir noch nicht verstanden haben, was *maya* ist, daß nämlich diese ganze Welt nur relativ ist und eigentlich keine volle Existenz hat. Wir müssen verstehen, wie vom Standpunkt eines Inders das Christentum gesehen wird und zunächst überhaupt gar nicht anders gesehen werden kann. Natürlich muß auch der Inder versuchen, uns richtig zu begreifen. Das heißt nicht, daß wir den Dialog auf unbestimmte Zeit hinausschieben sollen; doch müssen wir uns bewußt sein, daß das Bemühen um gegenseitiges Verstehen eine Voraussetzung dafür ist. Dankenswerterweise gibt es heute bei den Christen, und zwar in allen Konfessionen, viele, die mit ganzem Herzen und bestem Willen den östlichen Menschen verstehen wollen. Ich glaube, daß diese Aufgeschlossenheit bei uns gegenwärtig größer und weitherziger als im Osten ist. Der Dialog muß geführt werden. Dialog heißt nicht ohne weiteres, den anderen überzeugen. Bei den Missionaren des 16. Jahrhunderts handelte es sich nicht um Dialog, sondern um Diskussion. Der Dialog hat den Zweck, den anderen ganz zu verstehen. Dadurch werden wir bereichert; wir verstehen unsere Religion besser, wenn wir die anderen Religionen kennen, dasselbe gilt umgekehrt von den anderen. Der Dialog ist ein Nähertreten, das allmählich alle gefühlsmäßigen, emotionalen Unterschiede, die die Menschen trennen, beseitigt.

Nun zur Frage nach dem Absolutheitsanspruch des Christentums. Zunächst muß man fragen, was mit »Absolutheit« des Christentums gemeint ist. Das ist ein sehr vielschichtiger Begriff. Man hat z. B. gesagt, es gebe in den anderen Religionen keine Wahrheit, wenigstens nicht im religiösen Sinne, die anderen

Religionen seien im wesentlichen das Werk des Teufels, der immer gegen Gott kämpfend, die Menschen ins Unglück führen will. Oder man hat behauptet: Wer nicht die christliche Taufe empfängt, ganz gleich ob er noch so guten Willen hat, ist verloren. Das sind Absolutheitsansprüche, die unzulässig und untragbar und übrigens längst aufgegeben sind. Die Offenheit, die neuerdings in der Haltung der Kirche gegenüber den nicht-christlichen Religionen hervorgetreten ist, ist nicht ganz neu. Während bisher einzelne so dachten, ist jetzt offiziell von höchster katholischer Stelle die neue Haltung klar zum Ausdruck gebracht worden.

Es gibt aber eine andere Seite des Absolutheitsanspruchs. Können wir als Christen sagen, die Erlösung sei auch ohne Christus möglich? Dabei handelt es sich nicht allein um den ausdrücklich anerkannten Christus; denn Christus vermag als Erlöser auch präsent zu sein, ohne daß man ihn ausdrücklich kennt, nur in diesem Sinne kommt der Absolutheitsanspruch in Betracht. Nun glauben wir, daß Christus wirklich der Mensch gewordene Sohn Gottes ist. Dies vorausgesetzt, kann nur er Erlöser für alle Menschen sein; ob das nun von der nicht-christlichen Seite anerkannt wird, das ist eine andere Frage. Aber ich meine, daß auch ein Buddhist, der das Christentum kennt, dafür Verständnis hat und das nicht ohne weiteres als unberechtigt ablehnt.

In diesem Zusammenhang möchte ich eine kleine Begebenheit erwähnen, die sich vor Jahren in Hiroshima abspielte, beim Besuch eines Herrn aus Rom, der das päpstliche Sekretariat für die nicht-christlichen Religionen vertritt. Man hatte in Hiroshima sowie in anderen größeren Städten versucht, eine kleine Gruppe zum Gespräch zusammenzubringen, nicht nur von Katholiken, sondern auch von anderen christlichen Bekenntnissen, von Buddhisten usw. Dabei wurde die Frage gestellt, wie es mit dem Absolutheitsanspruch, mit der Überzeugung von der Superiorität der eigenen Religion stehe. Ein Buddhist hat erklärt, es sei notwendig, daß jeder seine Religion für die beste halte. Sehr interessant war die Antwort eines anderen Buddhisten von einer anderen Sekte, der sagte, solange einer noch von Superiorität seines Glaubens rede, habe er noch keinen richtigen Glauben. Dieser zuletzt Genannte ist ein sehr guter Freund der katholischen Kirche und kommt gelegentlich auch zu unseren Veranstaltungen.

Ein Wort bleibt noch zu sagen über die Unterscheidung: Absolutheitsanspruch des Christentums – nein, Absolutheitsanspruch in bezug auf Christus – ja. Ich muß zugeben, daß ich den Sinn des ersten Anspruchs nicht ganz verstehe. Doch geht es wohl um die Frage, ob alles richtig ist, was etwa die traditionelle Theologie der Kirche lehrt. Dieser Sinn von Absolutheit ist nicht zu halten; soweit er je vertreten wurde, sind wir darüber hinaus. Theologie ist nicht Offenbarung. Das Christentum gründet auf der Offenbarung, und das ist der große Unterschied zu den anderen Religionen. Genauer gesprochen, handelt es sich nicht um den Unterschied, daß unser Christentum auf der Offenbarung durch Christus beruhe, der Buddhismus hingegen auf der Offenbarung Buddhas. Keineswegs. Beim Buddhismus und beim Hinduismus kommt alles auf die persönliche Erfahrung an; Glaube reicht dafür nicht aus. Das ist eine ganz andere Einschätzung des Glaubens als im Christentum, das alles auf den Glauben an die Offenbarung gründet.

Wie mir aber scheint, gehen wir auf eine gemeinsame Denkform zu. Zwischen Ost und West findet ein so starker Austausch statt, daß wir allmählich einer gemeinsamen Weltkultur entgegenwachsen. Die Menschen kommen sich immer näher; wir bewegen uns in der Richtung auf eine umfassende Synthese, obwohl wir im Augenblick noch lange nicht so weit sind. Das westliche und das östliche Denken weisen eine tiefgreifende Verschiedenheit auf, was jedoch meines Erachtens viel richtiger in bezug auf Indien als in bezug auf Japan ist. Japan hat schon einen so wirksamen Einfluß vom Westen erfahren, daß manche Missionare meinen, es habe keinen Sinn, auf die alten Überlieferungen zurückzukommen; die Japaner selbst wollten das nicht mehr. Diese Ansicht teile ich nicht; denn so schnell kann ein Volk seine Tradition nicht vergessen. Immerhin ist der Gegensatz zu uns in Japan gewiß geringer als in Ländern wie Indien. Schließlich wird der Austausch, wie gesagt, zu einer gemeinsamen Weltkultur führen. In hundert oder wenigstens tausend Jahren wird man kaum mehr von Ost und West sprechen. Deswegen sollten wir gegenseitig darauf bedacht sein, daß alle Werte, die z. B., von uns aus gesehen, im Osten vorhanden sind, nicht durch den Einfluß der materiellen Kultur verlorengehen; hier droht eine ernste Gefahr.

Eine weitere Frage lautet: Östliche Seinserfahrung und christliche Erfahrung der Präsenz Gottes wurden als zwei sich gegenüberstehende Positionen unterschieden. Ihre eigentliche Bestimmung wurde aber in einem unabdingbaren Zugeordnetsein gesehen, wie es etwa zwischen Ein- und Ausatmen besteht. Wie hier beide zusammen erst den großen Atem, jeder für sich aber nur einen zu kurzen Atem ergeben, so auch dort erst beide Erfahrungen zusammen, ineinander oder nacheinander die wirklich Große Erfahrung, wobei die östliche Erfahrung stufenmäßig die primäre sein dürfte. Osten und Westen sind sich darin einig, daß das Ziel nicht eine bloße Bewußtseinserweiterung, sondern das Erlangen einer völlig neuen Bewußtseinsdimension ist. Diese kann auf zweierlei Weise geprägt sein: entweder unpersönlich oder persönlich. Zu eins: Dabei geht es um das irgendwie ekstatische Erlebnis einer stummen, wortlosen Seinsbegegnung, einer zutiefst erschütternden, aber ohne Aussprache oder Auftrag und darum auch ohne Antwort bleibenden Begegnung. Die einzige Haltung, die hier aufgegeben sein kann, heißt Schweigen. Zu zwei: Dabei geht es um die quasi-sprachliche Mitteilung eines Auftrages, der den betreffenden Menschen ganz persönlich angeht, ihn vor eine unausweichliche Entscheidung und eine absolute Verantwortung seines Handelns stellt. Im Zentrum dieser Erfahrung steht nicht das passive Verschlungenwerden von einem Erlebnis der numinosen Wirklichkeit, sondern der aktive, wagemutige und entscheidende Einsatz der Selbstverwirklichung.

Ich möchte, wie folgt, dazu Stellung nehmen. Zunächst wird gesagt, daß die beiden Erfahrungen, die östliche Seinserfahrung und die christliche Erfahrung der Präsenz Gottes, zwei einander gegenüberstehende Positionen sind. Ich bin nicht dieser Meinung. Die beiden Erfahrungen stehen sich nicht gegenüber, sondern die eine ist eher in der anderen enthalten. Dasselbe Erlebnis wird auf Grund jeweils anderer Voraussetzungen verschieden empfunden. Ich kann das an einem Beispiel erklären. Ein Zen-Meister drückte sich folgendermaßen aus: Da Sie Ihren Christus nicht aufgeben können, müssen Sie selbstverständlich eine christliche Erleuchtung bekommen, genau so wie ich, der ich meinen Buddhismus nicht aufgeben kann, eine buddhistische Erleuchtung (Satori) bekommen muß. Weil es sich also um verschiedene Auslegungen desselben Grunderlebnisses handelt, kann man sogar sagen, daß die christliche *präsentia Dei* in der Erfahrung des Buddhisten verborgen enthalten ist. Der Christ aber entfaltet die Seinserfahrung als solche bis zur Erfahrung der letzten Ursache des Seins hin. Letztlich müssen sich die Denkungsweisen von Ost und West gegenseitig ergänzen. Im Westen herrscht mehr das Bewußte, im Osten mehr das Unbewußte vor. Beide Bereiche sind zu integrieren, damit eine volle Persönlichkeit entsteht. Bei alledem bleibt bestehen: Osten und Westen sind sich darin einig, daß das Ziel nicht eine bloße Bewußtseinserweiterung, sondern das Erlangen einer völlig neuen Bewußtseinsdimension ist.

Was das Satori betrifft, so soll der Mensch nicht in der Erleuchtung ruhen, sondern mit ihr für seine Mitmenschen arbeiten. Zwar wird kein bestimmter Auftrag gegeben, noch braucht es ein sprachlich gegebener Auftrag zu sein; und doch wird der betreffende Mensch ganz persönlich angegangen und vor eine unausweichliche Entscheidung und in eine absolute Verantwortung seines Handelns gestellt. Das Satori-Erlebnis kann auch christlich geprägt sein; dann geht es auf die ganze Erfahrung des Seins bis zur Begegnung mit Gott hin. Im Zentrum dieser Erfahrung steht nicht das passive Verschlungensein von einem Erlebnis, sondern der aktive, wagemutige und entscheidende Einsatz der Selbstverwirklichung.

Nur noch ein Wort über dieses Thema von Japan her. »Verantwortung« ist auch eine Sache des sprachlichen Ausdrucks. Wir hatten einen Kongreß in Manila, bei dem auch die Asiaten teilnahmen. Da sagte ein Japaner, der in Europa studiert hat: Wir haben kein Wort für Person; aber wenn wir sagen »der Mensch«, dann heißt das auf japanisch wörtlich »unter Menschen«, von »Mensch zu Mensch«. Mit anderen Worten: Die Japaner haben früher das Gefühl oder das Bewußtsein der Verantwortung untereinander gehabt als die Europäer.

Zur Krise des westlichen Christentums

Vor 50 Jahren waren die Religionen bei weitem nicht so zum Dialog bereit, wie es heute der Fall ist. Freilich gilt das auch für das Christentum. Die Gespräche, die stattfanden, waren eher Diskussionen, in denen es letzten Endes darum ging zu beweisen, daß die eigene Religion die richtige sei. Inzwischen sind wir so weit, daß wir auf beiden Seiten voneinander lernen wollen. Dabei stellen wir immer wieder fest, daß wir im Kennenlernen der anderen Religion oft auch die eigene besser verstehen.

Man muß allerdings zugeben, daß der Wandel in der Einstellung nicht so sehr Ergebnis eines spontanen Bemühens der Partner ist. Er ist vielmehr die Folge der Tatsache, daß die Religionen ganz allgemein an Einfluß auf das Geschehen in der Welt verloren haben und sich das seither noch nicht geändert hat. Unter diesen Umständen ist es dann aussichtsreicher, wenn die Unterschiede zurückgestellt werden und gemeinsam der Versuch unternommen wird, einen heilsamen Einfluß auf unsere Welt auszuüben, die selbst in einer großen Krise steht.

Es ist auch eine Tatsache, daß die Religionen als Institutionen in den Augen vieler Menschen an Bedeutung verloren haben. Kirchen ebenso wie Tempel und Schreine werden immer weniger besucht und sind zu Orten für besondere Anlässe wie Hochzeiten und Beerdigungen geworden, sofern nicht auch diese schon säkularisiert sind. Mit anderen Worten: Das kollektive religiöse Bewußtsein ist kaum noch lebendig. Das gilt zumindest für die Industrieländer. In Asien gibt es dagegen noch große Länder wie z. B. Indien, in denen das kollektive religiöse Bewußtsein durchaus noch lebendig ist. Das hängt vermutlich auch damit zusammen, daß die säkularistische Schulbildung noch nicht allgemein durchgeführt wird. Auch in den Industrieländern gibt es heute noch eine große Zahl von Menschen, die persönlich tief religiös sind – Christen wie Nichtchristen.

Es gibt zudem noch viel mehr Menschen, die zwar keine Beziehung zu irgendwelchen religiösen Institutionen haben, aber doch Religion suchen, ohne sie zu benennen. Die Institutionen, seien es Kirchen oder andere Kultgemeinschaften, sind ihnen verschlossen, und zwar physisch, moralisch oder psychologisch. Vorurteile, oft auch bittere Erfahrungen und andere Umstände versperren ihnen den Weg dorthin, wo sie an erster Stelle das finden könnten, was sie suchen.

Zum Interesse an asiatischen Meditationsformen

In den traditionell christlichen Ländern hat das zur Folge, daß sie anderswohin gehen, um zu finden, was sie suchen, nicht zuletzt zu den nichtchristlichen Religionen. Viele machen sich auf die Suche in Asien; sie sind von den Religionen dort beeindruckt und suchen in ihnen ihr Heil. Oft sind es aber die Meditationsmethoden, die mehr noch als die Religionen selbst beeindrucken. Das christliche Angebot auf diesem Gebiet sagt oft schon deshalb nicht zu, weil die traditionellen christlichen Meditationsformen zu sehr mit begrifflichem Denken verbunden sind. Gegenwärtig aber befindet sich der westliche Mensch in einem Prozeß der Bewußtseinsveränderung, die sich auch auf das religiöse Bewußtsein auswirkt. Diese Bewußtseinsveränderung betrifft die gesamte Menschheit, ist aber im Westen stärker zu spüren als im Osten. Um das zu verstehen, müssen wir auf die europäische Geschichte achten. Der westliche Mensch hat seit der Zeit der klassischen griechischen Kultur das begriffliche Denken ausgebildet. Dieses hat sich auch im Christentum einen Platz geschaffen und sich in der christlichen Philosophie und Theologie weiterentwickelt. Es erreichte in der Scholastik, bei Thomas von Aquin und anderen, einen Höhepunkt, setzte sich dann aber in der profanen Wissenschaft fort, die in Europa aus der christlichen Philosophie hervorgegangen ist. Unbestritten haben die Wissenschaften Großes vollbracht. Doch bei all ihrer Größe sind sie keine Antwort auf die Frage des Menschen nach dem letzten Sinn des Lebens.

Gab es nun zunächst ein Suchen im Osten, so ist es inzwischen zu einer Gegenbewegung von Osten nach Westen gekommen. Östliche Meditationsweisen gelangten nach Europa und Amerika, einmal durch Menschen, die sie dort erlernt und den Nutzen derselben an sich erfahren haben, sodann durch Meister und Kenner aus jenen Ländern, aus Indien und Japan.

Da ich selbst mit dieser Bewegung, soweit es um Zen geht, zu tun hatte, darf ich einiges von den Anfängen in Erinnerung rufen. Im Jahre 1967 fand auf Schloß Elmau in Bayern eine Tagung statt, die von der Vereinigung »Arzt und Seelsorger« unter der Leitung von Dr. W. Bitter aus Stuttgart veranstaltet wurde. Es ging um den Austausch zwischen Ost und West. Auf dieser Tagung wurden außer den Vorträgen dank der Initiative des Grafen Dürckheim auch Meditationsübungen angeboten. Vier Teilnehmer hatten die Leitung der Meditationsübungen übernommen: Professor J. H. Schultz, der Entdecker des Autogenen Trainings, führte in seine Art der Meditation ein, ein Herr aus Stuttgart stellte Yoga vor, Graf Dürckheim und ich selbst Zen. Die Zahl der an Zen Interessierten war so groß, daß zwei Gruppen gebildet werden mußten. Das Ergebnis war, daß man mich bat, in Deutschland Zenkurse zu halten.

Aus der Korrespondenz jener Zeit geht hervor, daß es anfangs allerlei Schwierigkeiten gab. Die Finanzierung der Reise des Kursleiters von Japan nach Europa war nicht leicht. Man konnte zunächst – wie es hieß – nicht mehr als 15 Teilnehmer mit Sicherheit erwarten. Dennoch waren, was heute unvorstellbar ist, alle Kursangebote für Zen kurz nach ihrer Veröffentlichung ausgebucht; es kam dann zu langen Wartelisten. Heftig diskutiert wurde auch die Frage, ob man als Christ Zen praktizieren könne ohne Gefahr für den christlichen Glauben. Auch heute noch sind ernstzunehmende Leute der Ansicht, es gehe nicht, obwohl das 2. Vatikanische Konzil festgestellt hat, daß die kontemplativen Orden in den Missionsländern sich bemühen sollten, auch die Meditationsweisen, die sich in nichtchristlichen Religionen finden, kennenzulernen und nach Möglichkeit zu integrieren (vgl. *Ad gentes* Nr. 17).

Als wir mit Zen in Europa anfingen, war all das noch keineswegs so klar. Damals wurde freilich von einigen, die während des Konzils aus den Missionsländern zu Rate gezogen wurden, der Vorschlag gemacht, Yoga und Zen als Beispiele namentlich zu erwähnen. Das wurde – gewiß aus guten Gründen – nicht akzeptiert. Doch ist die Situation heute eine ganz andere als damals. Inzwischen werden wir nämlich von östlichen Meditationsmethoden geradezu überschwemmt. Natürlich ist auch hier nicht alles Gold, was glänzt, und man sollte sich vorsehen und nichts übernehmen, ohne es vorher geprüft zu haben. Schon mancher ist schwer enttäuscht worden.

Zen, Zazen, Religion und Heil

Es ist nun nicht meine Absicht, über Meditationsweisen zu sprechen. Doch möge es gestattet sein, erneut einige weitere praktische Hinweise bezüglich des Zen zu geben: Wenn es um das Verhältnis von Zen und Christentum geht, so muß man unterscheiden zwischen Zen-Meditation, »Zazen«, und Zen-Buddhismus. Zen als Meditation ist nicht »Religion« in dem Sinne, wie etwa das Christentum Religion ist oder wie es auch die verschiedenen buddhistischen Richtungen oder »Sekten«, wenn man das Wort an dieser Stelle einmal gebrauchen darf, sein wollen und sind. Diese »Schulen« oder »Sekten« weichen im einzelnen auch in ihren Lehren trotz des gemeinsamen Grundes mehr oder weniger stark voneinander ab. Sie haben ihre religiösen Institutionen und wollen auch solche sein. Zazen als solches ist anders. Für manchen, der Zazen nicht aus Erfahrung kennt, ist das vielleicht schwer zu verstehen. Er könnte in der Tat fragen: Kann man die Meditation von ihrer Religion trennen? Ich bleibe aber dabei: Im Zen liegt der Fall anders. Zazen hat grundsätzlich keine Gedanken. Daher steht es auch nicht im Widerspruch zum Christentum. Streng genommen sollte man daher auch nicht von »christlichem Zen« sprechen. Aus demselben Grunde gibt es ja auch kein »buddhistisches Zen«. Ich erinnere noch einmal an jenen Zen-Meister, der das einmal in einem Vergleich mit dem Tee zum Ausdruck gebracht hat. Eine Tasse Tee schmeckt, so sagte er, für einen Buddhisten genauso wie für einen Christen; da ist kein Unterschied. Man könnte freilich nun zurückfragen: Hat denn die Zen-Meditation, die in so vielen Zenklöstern geübt wird, gar keine Beziehung zum Buddhismus? Sind denn die Zenmönche keine religiösen Menschen, keine Buddhisten, am Ende gar Atheisten? Dazu ist zu sagen: Gewiß besteht eine Beziehung zur Religion insofern, als diese das religiöse Bewußtsein meint, bevor es mit einer bestimmten Religion sich verbindet. So kommen oft Menschen zu den Zenkursen, die keine Beziehung zu einer institutionalisierten Religion, weder zum Christentum noch zum Buddhismus, haben. Solche Teilnehmer sind heute zumal unter den jüngeren Menschen nicht selten. Ihre Motivation, Zazen zu üben, hat mit keiner Religion etwas zu tun. Nicht selten kommen solche Menschen dann unerwartet zu einem religiösen Erwachen. Falls sie in jungen Jahren, als Kinder, einmal christlich waren und ihr Christentum unter dem Einfluß der Zeitumstände vollständig verloren gegangen war, finden sie vielfach zum Christentum zurück, auch wenn der Weg von der Zenhalle bis zur Kirche oft vielleicht weit ist. Bei solchen Menschen ist der wiedergefundene christliche Glaube aber dann häufig viel tiefer als vorher. In ihnen hat sich eine Tür geöffnet, die für immer verschlossen zu sein schien.

Gerade weil das »reine« Zen, wie wir es meinen, keinen Gedanken hat, kann es jedem Menschen, der es ernstlich und richtig übt, etwas bringen, vorausgesetzt, daß er ein gewisses Maß an psychischer Gesundheit mitbringt. Natürlich ist es nicht möglich, alle positiven Wirkungen hier einzeln auszufächern. Wir nennen einige: Zazen kann dem einen helfen, ruhiger und gelassener zu werden und so mit allem, was ihm in der unruhigen Welt von heute begegnet, besser fertig zu werden; einem anderen kann es helfen, sich besser zu konzentrieren, was für seine Berufsarbeit von großer Wichtigkeit ist. Jedoch macht Zen den Menschen nicht gefühllos. Viele Künstler im Westen fühlen beim Tanz, beim Malen oder auch in der Musik eine innere Verwandtschaft mit dem Zen. Zen hat ja auch seine eigene Kunst entwickelt. Wenn man es beharrlich übt, kann es auch das Unbewußte, soweit es nicht in Ordnung ist, heilen. Das wiederum wirkt sich dahin aus, daß der Mensch innerlich freier wird – im Sinne einer Freiheit, die selbst bei äußerem Zwang nicht verlorengeht. Zen hat auch einen Einfluß auf die körperliche Gesundheit, insofern es dem Menschen hilft, den heute fast unvermeidlichen Streß abzubauen und so den modernen Zivilisationskrankheiten und Gefährdungen leichter zu entgehen. Religiösen Menschen kann Zen trotz der unruhigen Welt, in der wir leben, zu einem tieferen christlichen Gebet verhelfen, das bis zu mystischen Erfahrungen führt.

Zen und christliche Mystik

Überhaupt gibt es deutliche Berührungspunkte zwischen Zen und der Mystik. Viele Anweisungen der christlichen Mystiker stimmen mit denen der Zen-Meister in auffallender Weise überein. Beispiele hierfür finden sich am Ende dieses Teiles. Der zuvor erwähnte Zen-Meister, der viele Priester und Ordensleute zu seinen Schülern zählt, hat einmal gesagt: »Mit den Religionen ist es wie mit zwei Autobahnen, die von weither kommen, sich aber im Autobahnkreuz treffen. Betrachtet man die Religionen je für sich getrennt, so erscheinen sie ganz verschieden voneinander. Doch sie treffen sich in einem Punkt: der religiösen Erfahrung.« Auch in den Jahren, bevor es zu den positiven Gesprächen zwischen Vertretern der Religionen kam, konnte man im persönlichen Gespräch mit einem Zen-Meister bereits feststellen, daß er, wenn man von christlichen Mystikern sprach, aufhorchte und sagte: »Hier können wir miteinander reden.«

Freilich haben die christlichen Mystiker in der Regel betont, man sollte sich zunächst in der gegenständlichen Meditation üben, bei der das Denken nicht radikal eingestellt wird, wie wir es im »reinen« Zen tun. Sie sahen für Anfänger die Gefahr, daß der »Teufel« in die entstehende Leere eindringen und sie in die Irre führen könnte. Heute würden wir sagen, daß aus dem Unbewußten Dinge hochkommen können, die den Menschen verwirren könnten. Selbstverständlich wußten auch die Zen-Meister davon. Interessanterweise haben sie für die Welt dieser Phänomene das Wort *makyō,* »Teufelswelt«, geprägt. Auch sie warnen immer wieder davor. Dennoch lassen sie den Schüler von Anfang an das diskursive Denken einstellen. Doch hat es in der Geschichte der christlichen Mystik trotz des geschilderten Ansatzes auch falsche Mystiker gegeben. Mit ihnen hat sich besonders der flämische Mystiker Jan von Ruysbroek beschäftigt. Auf jeden Fall haben auch die christlichen Mystiker betont, daß man das Denken

einstellen müsse, wenn die Zeit dazu gekommen sei, weil man sonst nicht zur vollkommenen Vereinigung mit Gott gelangen könne. Hier treffen sie sich in ihren methodischen Anleitungen mit den Zen-Meistern.
Das Interesse an den östlichen Meditationsweisen flaut in unseren Tagen keineswegs ab. Es wächst im Gegenteil noch. Diese Tatsache allein ist schon ein Beweis dafür, daß dem Interesse ein echtes Bedürfnis zugrunde liegt. Ob es möglich ist, diesem Bedürfnis durch Meditationsweisen zu entsprechen, die nicht auf asiatischem Boden gewachsen sind, wie manche meinen, ist fraglich. C. G. Jung hat einmal gesagt, die einzige christliche Meditationsweise, die bis in das Unbewußte reiche, seien die Geistlichen Übungen des Ignatius von Loyola. Er hat sie aus diesem Grund auch selbst gemacht. Nach dem 1. Weltkrieg gab es in Deutschland eine große Exerzitienbewegung. H. Dumoulin hat in ihr seine Berufung zum Jesuitenorden gefunden. Es wurden viele und große Exerzitienhäuser gebaut, die lange Zeit immer wieder gefüllt waren. Viele dieser Häuser existieren heute nicht mehr oder sind anderen Zwecken zugeführt worden. Allerdings sind die Exerzitien auch nicht immer richtig verstanden worden. Oft hat man nur jene Teile geübt, die rein gegenständlicher Art waren. Häufig standen die Vorträge im Vordergrund und nicht die Übungen. Was Ignatius gewollt hatte, war aber eine Gebetsschule, die in die Richtung der Mystik, vielleicht gar zur mystischen Erfahrung führte. Viel zu sehr ist man in den Exerzitien dem Zeitgeist entgegengekommen. Entsprechend haben sie heute nicht mehr die Anziehungskraft, die sie vor Jahrzehnten noch besessen haben. (S. dazu den ganzen III. Teil dieses Bandes.)

Christliche Mystiker

Ich möchte diesen II. Teil mit einigen Zitaten und Gedanken christlicher Mystiker schließen, die mit dem Zen große Ähnlichkeit haben, vielleicht sich sogar mit diesem decken, zu denen aber auf jeden Fall die Zenübung ihrerseits eine Brücke schlagen kann.

Das Nichtdenken der Mystiker

Gregor von Nyssa (ca. 333–ca. 394): »Hierdurch belehrt uns nämlich das Wort, daß die religiöse Erkenntnis im Anfang ein Licht ist für die Menschen, denen sie aufgeht ... In der weiteren Entwicklung aber, da der Geist immer weiter und vollkommener fortschreitet in wahrer Erkenntnis, da wird er inne, je näher er dem Schauen kommt, und immer deutlicher sieht er, daß das göttliche Wesen unschaubar ist. Denn da er alles zurückläßt, was da scheint, nicht nur was der Sinn erfaßt, sondern auch was der Verstand zu sehen meint, und immer tiefer dringt ins Innere, bis er mit seines Geistes Bemühen versinkt im Unschaubaren und Unfaßlichen – dort ›sieht er Gott‹. Denn darin besteht das wahre Wissen um das Gesuchte, und das heißt sehen – nicht zu sehen. Das Ziel des Suchens liegt jenseits alles Wissens, wie von einer Wolke allseits umhüllt von Unbegreiflichkeit.«[9]

Dionysius Areopagita (6. Jahrhundert): »In diesem überlichten Dunkel also möchten wir sein und möchten schauen in Blindheit und wissen in Unwissen, was jenseits von Schauen und Wissen ist ... Denn das heißt wahrhaft schauen und wissen und das ist überwesentlicher Preis des Überwesentlichen: abzustreifen alles, was Sein hat.«[10]

Richard von St. Viktor (ca. 1110–1173): »Große Arbeit ist es gewiß, Gewohntes hinter sich zu lassen, tief verwurzelte Ideen wieder aufzugeben und in hoher Forschung von der Erde zum Himmel emporzuschwingen ... Hier zuerst gewinnt die Seele ihre alte Würde wieder und erhebt Anspruch auf den ihr angeborenen Vorzug eigener Freiheit. Denn was ist dem vernunftbegabten Geiste fremder, was führt mehr zu unwürdiger Knechtschaft, als wenn das Geschöpf, das wahrhaftig geistig ist, um das Geistige nicht weiß, und das auf die unsichtbaren und höchsten Güter hin geschaffen ist, nicht wenigstens zur Schau des Unsichtbaren sich erheben, wenn nicht darin verweilen sollte?«[11]

Bonaventura (1221–1274): »Der Geist bedarf, um zur vollkommenen Beschauung zu gelangen, der Reinigung. Der Verstand ist dann gereinigt, wenn er von allen sinnlichen Erkenntnisbildern absieht; noch mehr gereinigt ist er, wenn er auch von den Phantasiebildern frei ist, vollkommen gereinigt ist er, wenn er auch von den philosophischen Schlußfolgerungen frei ist.«[12]
»Nur der empfindet es wirklich, der spricht: ›Meine Seele zieht es vor, erwürgt zu werden, und zu sterben mein Gebein.‹ Wer diesen Tod liebt, vermag Gott zu schauen, denn es ist unbezweifelbar wahr: ›Kein Mensch wird mich sehen und leben.‹ Laßt uns also sterben und in das Dunkel eintreten.«[13]
Meister Eckhart (ca. 1260–ca. 1328): »Solange der Mensch dies noch an sich hat, daß es sein *Wille* ist, den allerliebsten Willen Gottes erfüllen zu *wollen,* so hat ein solcher Mensch nicht die Armut, von der wir sprechen wollen; denn dieser Mensch hat (noch) einen Willen, mit der er dem Willen Gottes genügen will, und das ist *nicht* rechte Armut. Denn, soll der Mensch wahrhaft Armut haben, so muß er seines geschaffenen Willens so ledig sein, wie er's war, als er (noch) nicht war...«[14]

Gegenständliche Betrachtung

Richard von St. Viktor: Die erste Art des Schauens »ist in der Vorstellung und gemäß der Vorstellung allein ... In der Vorstellung befindet sich unser Schauen zweifellos dann, wenn in das Blickfeld die Gestalt und das Abbild der sichtbaren Dinge gerückt wird, wenn wir staunend bemerken und aufmerkend staunen, wie zahlreich, wie groß, wie verschieden diese körperlichen Dinge sind, die wir mit körperlichen Sinnen wahrnehmen, wie schön sie sind und wie lieblich; und in all diesem Geschaffenen verehren wir staunend und bewundern wir verehrend die Macht, die Weisheit und die Fülle des Überwesentlichen. Dann aber weilt unser Schauen in der Vorstellung und wird allein gemäß der Vorstellung gestaltet, wenn wir nichts mit Beweismitteln suchen und durch Vernunftarbeit aufspüren, sondern unser Geist frei

hierhin und dorthin sich ergeht, wohin das Staunen auf dieser Stufe der Anschauung zieht.«[15]
Die zweite Art des Schauens ist in »der Vorstellung gemäß der Vernunft... Das geschieht, wenn wir zu dem, was wir in der Vorstellung hin und her gewendet ... den vernünftigen Grund suchen und finden, und den so gefundenen und erkannten in unsere Betrachtung staunend hineinnehmen.«[16] Die dritte Art des Schauens ist »in der Vernunft gemäß der Vorstellung... Dieser Art des Schauens bedienen wir uns dann, wenn wir durch das Gleichnis der sichtbaren Dinge zur Schau des Unsichtbaren erhoben werden.«[17]
Johannes Tauler (ca. 1300–1361): »Indes, liebe Kinder, wer sein Faß nicht mit edlem Zyperwein füllen kann, der fülle es wenigstens mit Steinen und mit Asche, damit sein Faß nicht völlig leer und ledig bleibe, und nicht der Teufel drein fahre. Da ist es besser, daß er der Fünfziger [Rosenkranz] viele bete.«[18] »›Ihr Himmel, entsetzt und betrübt euch! Ihr Himmelspforten, öffnet euch über das ungeheuerliche Gebaren meines Volkes: denn zweifach übel haben sie gehandelt; sie haben mich, das lebendige Wasser, verlassen und sich selbst eine Zisterne gegraben, die kein Wasser enthält.‹«[19] Dann fährt Tauler selbst fort: »Was ist das für ein Volk, über das Gott so klagt? Das ist sein Volk, das sind geistliche Leute, die so gänzlich das lebenspendende Wasser verlassen haben und in deren Grunde so wenig wahres Licht und Leben ist, dagegen aber nur Äußerlichkeiten; und dabei verharren sie gänzlich auf ihrer sinngebundenen äußerlichen Art, ihren Werken und Absichten; alles ist von außen hineingetragen vom Hören oder alles durch die Sinne aufgenommen, in bildhafter Weise; und innen, wo Wasser aus dem Grund herausspringen und quellen sollte, da findet sich nichts, gar nichts!... Und Gott sagt ihnen nicht zu. Und von dem lebendigen Wasser trinken sie auch nicht, das lassen sie sein. ... Was sich in solchen Zisternen sammelt, fault und nimmt üblen Geruch an; es trocknet aus, und das kommt vom Vorhaben der Sinne. So bleibt im Grunde Hoffart, Eigenwillen, Hartsinn und böses Urteil, schlimme Worte, schlechtes Gebaren und Tadel über den

Nächsten nicht aus Liebe und in Sanftmut, sondern da, wo weder Ort noch Zeit dazu ist.«[20]

»Wäre solches Wasser je eurem dürren Grunde entquollen, man fände bei euch keine Unterscheidung der Person, sondern stets wahre göttliche Liebe, herausquellen aus dem Grunde: da gäbe es kein Verkleinern, kein böses Richten, keinen Hartsinn. Solche Fäulnis entkeimt alle den Zisternen.«[21]

Von den Neuplatonikern sagt Tauler: »Das, meine Lieben, kam (ihnen) alles aus dem inneren Grunde zu: sie lebten für ihn, sie pflegten seiner. Es ist doch ein schwerer Schimpf und eine große Schande, daß wir armen Nachzügler, die wir Christen sind und so große Hilfe haben – die Gnade Gottes, den heiligen Glauben, das heilige Sakrament und noch manch andere große Unterstützung –, recht wie blinde Hühner herumlaufen, und unser eigenes Selbst, das in uns ist, nicht erkennen und gar nichts darüber wissen: das ist die Wirkung unseres zerteilten und nach außen gerichteten Wesens, und daß wir zuviel Nachdruck auf die Sinne legen, wenn wir fähig sind, auf unser eigenes Vorhaben, (das Beten der) Vigilien, Psalter und ähnliche Übungen, die uns so stark beschäftigen, daß wir niemals in uns selbst kommen können.«[22]

Über das Verlangen nach der Einkehr sagt er: »Die Begehr aber tut sich um und wird in etlichen so groß, daß sie durch Fleisch und Blut geht, ja durch Mark und Gebein, denn was die Natur leisten kann, das muß es kosten, soll dieser Begehr genug geschehen und die Geburt in Wahrheit gefunden werden.«[23]

»Der Mensch, der sich zuvor wohl geübt und sich in Natur und Geist geläutert hat, soweit es seine (menschliche) Kraft vermochte, dem wird ein liebliches Versinken zuteil; sobald dann die (menschliche) Natur das Ihre tut, sie (aber) nicht mehr weiterkann und auf dem höchsten Punkt (ihres Vermögens) angelangt ist, da kommt der göttliche Abgrund, läßt seine Funken in den Geist stieben, und durch die Kraft dieser übernatürlichen Hilfe wird der verklärte, geläuterte Geist seinem (eigenen) Selbst entzogen und zu einem besonderen, geläuterten, unaussprechlichen Gottverlangen geführt«[24], d. h. Gott im Sinne haben. »Fürwahr, es muß notwendigerweise ein Rücklauf geschehen . . ., ein Einholen, eine innere Vereinigung aller Kräfte, der niedrigsten wie der höchsten, eine Zusammenfassung gegenüber allen Zerstreuungen . . .«[25] Tauler warnt davor, die Kehre zulange hinauszuschieben, denn »sind sie alt, der Kopf schmerzt sie, und sie können dem Werk der Liebe und Ihren Stürmen nicht mehr genügen«[26].

Johannes vom Kreuz (1542–1591): »Wohl mögen solche Erwägungen und Bilder und Betrachtungsweisen für Anfänger notwendig sein, um die Seele durch das Sinnliche zur Liebe zu bewegen und zu entflammen. Doch dienen sie auch da nur als entferntes Mittel zur Vereinigung mit Gott, und es müssen die Seelen in der Regel durch sie hindurchgehen, um zum Ziel und in das Gemach der geistlichen Ruhe zu gelangen. Doch muß es auch dabei bleiben, daß sie nur hindurchgehen . . . Wo dies jedoch außer acht gelassen wird, geraten manche Seelen auf Irrwege . . . Dabei quälen sie sich ab und finden doch sehr wenig oder keinen Genuß . . .«[27] »Die Seele muß es nun so weit bringen, daß sie sich all dieser Vorstellungen und Wahrnehmungen entäußert und auch rücksichtlich dieses Sinnes im Dunkel bleibt, wenn sie zur göttlichen Vereinigung gelangen will.«[28]

Daß auch *Theresia von Avila* (1515–1582) die gegenständliche Betrachtung hochschätzt, ist bekannt. Aber sie weiß auch, daß das seine Grenzen hat und sogar unmöglich werden kann. Sie sagt: »Dieses Gebet (die gegenständliche Betrachtung) meine ich, wenn ich sage, daß jene Seelen, die Gott schon zu übernatürlichen Dingen und zur vollkommenen Beschauung erhoben hat, recht haben mögen (mit ihrer Behauptung es nicht üben zu können). Ich kann nur soviel sagen, daß Seelen zu dieser Art des Gebetes meistens nicht fähig sind. Sagen sie aber, sie könnten sich mit diesen Geheimnissen [z. B. das Leiden Christi, Anm. von mir] gar nicht beschäftigen und sie sich nicht oft vergegenwärtigen, insbesondere wenn die katholische Kirche sie feiert, so werden sie nicht recht haben . . . Der Verstand stellt sich nämlich diese Geheimnisse so lebendig vor, und sie prägen sich dem Gedächtnis so tief ein, daß die Seele den Herrn zum Beispiel, wie er im Garten niedergeworfen ist auf sein Angesicht und blutigen Schweiß vergießt, nur anzusehen darf, um sich nicht bloß eine Stunde, sondern mehrere Tage lang mit diesem Geheimnisse zu beschäftigen.«[29] Gläubige Christen, die im Zen weit fortgeschritten sind, machen oft die Erfahrung, nicht nur das Leiden Christi, sondern auch andere Schrifttexte viel tiefer zu erfahren, als es bisher der Fall war, bevor sie noch nicht soweit fortgeschritten waren . . . Das erklärt sich daraus, daß das Zen die geistigen Gefühle verstärkt.

Der Versenkungsweg

Richard von St. Viktor: ». . . der Geist, der nicht in der Erkenntnis seiner selbst lange geübt und ganz erzogen ist, wird zur Erkenntnis Gottes nicht emporgehoben. Vergebens erhebt er das Auge des Herzens zum Schauen Gottes, wenn er noch nicht fähig ist, sich selbst zu schauen. Zuerst lerne der Mensch, sein Unsichtbares zu erkennen, bevor er sich unterfange, das Unsichtbare Gottes erfassen zu wollen. Das erste ist, daß du das Unsichtbare deines Geistes erkennst, bevor du fähig werden kannst zur Erkenntnis des Unsichtbaren Gottes. Andernfalls, wenn du dich nicht selbst erkennen kannst, wie willst du die Stirn haben, zu erfassen, was über dir?«[30]

(Zu Mt 13,44) »Nun gehe und verkaufe, was du hast, kaufe diesen Acker und suche nach dem verborgenen Schatz! Was du in der Welt begehrst, was du in der Welt zu verlieren fürchtest, das wende freudig auf für die Freiheit des Herzens. Hast du aber den Acker gekauft, so grabe in die Tiefe, und zwar fröhlich, wie die, welche einen Schatz graben . . . Man muß aber den Schatz in der Tiefe suchen, weil die Weisheit aus dem Verborgenen gewonnen wird.«[31]

Johannes Tauler: ». . . der Mensch schlafe oder wache, er wisse es oder wisse es nicht; es hat ein gottförmiges, unendliches, ewiges Rückwärtsschauen auf Gott.«[32] »Dies Gemüt, dieser

Grund ist so eingepflanzt, daß die Pflanze ein ewiges Reißen und Ziehen nach sich hin hat.«[33]

»In dieser Umkehrung wird der Mensch, wenn er sich hierin lassen könnte, unaussprechlich viel weiter geführt denn in allen Werken und Weisungen und Satzungen, die je und je erdacht oder erfunden wurden. Ja, die hierin recht geraten, das werden die allerminniglichsten Menschen, und es wird ihnen so leicht, daß sie, wenn sie wollen, in jedem Augenblick einkehren und alle Natur überfliegen.«[34]

Bonaventura: »Der Geist bedarf, um zur vollkommenen Beschauung zu gelangen, der Reinigung. Der Verstand ist dann gereinigt, wenn er von allen sinnlichen Erkenntnisbildern absieht, noch mehr gereinigt ist er, wenn er auch von den Phantasiebildern frei ist, vollkommen gereinigt ist er, wenn er von den philosophischen Schlußfolgerungen frei ist.«[35] An anderer Stelle sagt er zu Matthäus 5,5: »Selig die Trauernden, denn sie werden getröstet werden.« ». . . nur der kann es empfangen, der sprechen kann: ›Todesbangen hat gewählt meine Seele, und Sterben mein Gebein.‹ Wer diesen Tod liebt, der mag Gott schauen; denn unbezweifelt ist es wahr, daß ›niemand Gott schauen kann und leben!‹ So laßt uns denn sterben und eintreten in die Finsternis!«[36]

Gemeint ist jene geistige Finsternis, die darin besteht, daß die gewöhnliche Verstandestätigkeit vollständig ausgeschaltet wird. Das besagt auch das erste Zitat, und dies stimmt überein mit dem, was bei der Zen-Meditation verlangt wird.

Die Wolke des Nichtwissens[37]. Diese Schrift aus dem 14. Jahrhundert (Verfasser unbekannt) ist insofern sehr interessant, als darin Anleitung zu einer Art von Meditation gegeben wird, die dem Zazen sehr ähnlich ist. Wie eingangs ausdrücklich gesagt wird, soll sie freilich nur von solchen Leuten gelesen werden, die sich längere Zeit in der gewöhnlichen (gegenständlichen) Betrachtung geübt haben. Unter dieser Voraussetzung aber wird die Methode jedem geraten, der sich von ganzem Herzen Gott und einem beschaulichen Leben hingeben will. Der Titel der Schrift ist für den Inhalt bezeichnend. Denn diese Wolke ist die Sphäre, die der Mensch durchdringen muß, wenn er zur mystischen Schau kommen will. Das heißt, er muß alles Wissen, das er erworben hat, nicht nur das profane, sondern, richtig verstanden, auch das religiöse vergessen. Alle diese »Bilder« und Begriffe muß man lassen, weil keiner von ihnen imstande ist, Gott in seinem Wesen zu erfassen. Es heißt dort: »Deshalb rotte alle Erkenntnis und alles Gefühl aus, das du von irgendeinem Geschöpf hast und besonders, das du von dir selber hast. Denn davon, was du von dir selbst weißt und über dich fühlst, hängt alle Erkenntnis und alles Gefühl ab, das du für alle Geschöpfe hast ...«[38]

Nun kommt freilich bei der Meditation, von der die »Wolke« handelt, noch eines hinzu, das der Verfasser als unbedingt notwendig erachtet, und das diese Meditation, obwohl sie keinen Gegenstand hat, zu einer christlichen macht. Das ist die innere Einstellung auf Gott hin. Der Verfasser tut sich offenbar schwer, dies so zu sagen, daß es nicht mißverstanden wird; denn würde es so aufgefaßt, daß man sich Gott als Gegenüber, als Gegenstand in Gedanken oder gar in der Phantasie vorstellt, so würde man ja schon aus dieser Art der (übergegenständlichen) Meditation herausfallen. Manchmal nennt er es eine »blinde Regung«, ein andermal eine »heimliche Liebe« oder noch klarer ein »Streben nach Gott, nach seinem nackten Sein um seiner selbst willen«. Es ist die christliche Grundhaltung, die, wenn auch unbewußt, bleiben muß.

Man wird vielleicht sagen, daß es in dieser Beziehung beim Zazen keine Entsprechung gebe; denn im Zen sage man doch mit Bezug auf die Meditation: »Töte den Buddha ...«. Und doch bleibt es eine Tatsache, daß der Zen-Übende das Zazen, wenn er Buddhist ist, ganz und gar aus seiner buddhistischen Grundhaltung macht. Auch in seinem Unbewußten bleibt die Einstellung auf sein religiöses Ziel.

Immerhin, methodisch ist – von den körperlichen Bedingungen abgesehen – kaum ein Unterschied zwischen dem Zazen und der in der Wolke des Nichtwissens gelehrten Meditation. Daraus ergibt sich eine Konsequenz für die Praxis, nämlich: wenn ein Christ das Zazen methodisch richtig macht und dabei seine christliche Grundhaltung nicht ausdrücklich negiert, so ist sein Zazen christliche Meditation. Und falls er dabei auch die Vorschriften für Körperhaltung und Atmung beibehält, so ändert das nichts an dem christlichen Charakter seiner Meditation, gleich ob er seine Meditation in einer christlichen Kirche oder in einer Zen-Halle vollzieht.

Theresia von Avila sagt zur Verstandestätigkeit im Gebet in Verbindung mit dem Gebet der Sammlung: »Denkt aber ja nicht, diese Sammlung werde durch den Verstand erworben, der sich bemüht, in seinem Inneren sich Gott als gegenwärtig zu denken, oder durch die Einbildungskraft, die ihn in uns selbst sich vorzustellen sucht.«[39] Diesem Zustand der Sammlung entspricht im Zen das Zanmai und zwar ein tiefes Zanmai, wo man nicht oder kaum noch tätig ist, also ein Zustand des Nicht-Denkens. Weiterhin sagt sie: »Um die Stimme Gottes hören zu können, wird in einigen Büchern der Rat gegeben, sich dadurch vorzubereiten, daß man mit dem Verstande nicht nachzusinnen sucht, sondern nur aufmerksam darauf achtet, was der Herr in der Seele wirkt. Wenn aber Seine Majestät uns noch nicht an sich zu fesseln begonnen hat, so kann ich nicht begreifen, wie man seinen Gedanken in einer Weise Einhalt gebieten kann, daß uns aus einem solchen Bemühen nicht mehr Schaden als Nutzen erwächst. Wenn auch unter den Gottesmännern schon viel über diesen Punkt gesprochen wurde, so muß ich doch in meiner geringen Demut bekennen, daß sie mir bis jetzt noch keinen Grund vorgebracht haben, der mich bestimmen könnte, ihrer Ansicht beizupflichten.«[40]

Wenn wir das mit dem Zen vergleichen, so bedeutet das, daß man sich selbst beobachtet, um zu sehen, was geschieht. So wenigstens könnte man das in etwa ausdrücken. Das aber würde auch vom Zen her gesehen falsch sein, da es eine ich-gerichtete Haltung wäre, die der Erleuchtung im Wege steht. Andererseits hat Theresia gewiß nichts dagegen, daß ihre Schwestern den Wunsch haben, zur mystischen Vereinigung zu gelangen, ebenso wenig wie die Zen-Meister etwas dagegen haben, daß ihre Schüler wünschen, zur Erleuchtung zu kommen. Insofern ist da eine Parallele, obwohl die Weltanschauungen verschieden sind, wenn die Zen-Übenden Buddhisten sind.

Die Wesensschau

Jan van Ruysbroek (1293–1381): Wer zur mystischen Vereinigung gelangen möchte, »muß darum mit seinem gesamten und umfassenden Selbst für Gott leben, auf daß er den Gnaden und der Berührung Gottes nachkommen kann und er in allen Tugenden und Andachtsübungen Gehorsam bezeigt.«[41]
Was soll ein Mensch in dieser Lage tun? »Das erste ist, daß er auswendig wohl geordnet sei in allen Tugenden und inwendig unbehindert und von allem auswendigen Wirken derart frei, recht als ob er nicht wirkte; ist er aber von innen durch irgendein Tugendwerk in Anspruch genommen, so machen in ihm die Bilder, und solange dies in ihm dauert, kann er nicht schauen. Das zweite ist, daß er Gott innerlich anhange im Einklang von Denken und Lieben, recht wie ein entzündetes, glühendes Feuer, das nicht mehr ausgelöscht werden kann. Im Augenblicke, wo er sein Selbst in diesem Zustand fühlt, kann er schauen. Das dritte ist, daß er sich selber muß verloren haben in die Unform und in eine Finsternis, worin der schauende Mensch voll Genießens wie in einer Irre geht und sich selber kreatürlicherweise nicht mehr auffinden kann.«[42] ». . . dieser Lichtglanz ist derart groß, daß der liebende Gott-Schauer in seinem Grunde, wo er ruht, nichts sieht noch fühlt, als allein ein unbegreifliches Licht.«[43]
Johannes Tauler (zum Evangelium vom Lahmen am Teich Betesda, Joh 5,1–9): »Nun läßt unser Herr aus großer Treue die Leute zuweilen für krank liegen, und sie sind doch ganz gesund und wissen es nicht und halten sich ihr ganzes Leben für krank; denn unser Herr weiß das von ihnen, daß, wüßten sie nur um ihre gänzliche Genesung und Gesundung, sie sich mit Wohlgefälligkeit zu sich selber kehrten; und darum läßt er sie, aus großer Treue, all ihre Tage in Unwissenheit leben, in Furcht, Bedrängnis und Demut, und es steht doch stets so um sie, daß sie nur

ungern etwas gegen Gott tun wollen in einem jeden Dinge, das ihnen begegnen oder sie treffen könnte. Wenn nun der herrliche Tag kommt, daß sie der liebe Gott mit sich heimführen will, die Zeit ihres Todes, dann macht er sie diese Unwissenheit und diese Dunkelheit vergessen. Er verfährt mit ihnen so väterlich, tröstet sie und läßt sie oft vor ihrem Tod das empfinden, was sie ewiglich genießen sollen, und so sterben sie denn in großer Sicherheit. Und die ihm dann in dieser Finsternis Treue gehalten haben, die führt er ohne jeglichen Aufenthalt in seine unaussprechliche ewige Freude ein: sie werden in der Gottheit begraben; es sind selige Tote; sie sind in Gott gestorben.«[44]

Meister Eckhart ist oft mit dem Zen in Beziehung gebracht worden und unter dieser Rücksicht in nicht-christlichen Kreisen Japans von allen christlichen Mystikern am besten bekannt. Er hat zwar nicht wie der Verfasser der Wolke des Nichtwissens eine Meditationsmethode gelehrt. Aber aus seinem Gedankengut ergeben sich viele für die Erlangung der mystischen Vereinigung wichtige Hinweise. Eckhart war Metaphysiker, Theologe und Mystiker zugleich und hat nicht nur durch hohe Spekulationen und schwierige Traktate das Denken seiner Zeit maßgebend beeinflußt, sondern auch in populären Predigten dem christlichen Volke den Weg zur Mystik zu öffnen sich bemüht. Er hat auf diese Weise der mystischen Bewegung im deutschen Mittelalter einen starken Anstoß gegeben, die dann von seinen Schülern, besonders Tauler und Seuse, weitergeführt wurde. Wir müssen uns darauf beschränken, einige charakteristische Züge seiner Mystik herauszugreifen und mit dem Zen zu vergleichen.

Eckhart sagt, man müsse »Gott lassen um der Gottheit willen«, das heißt, um zum Wesen Gottes, zum eigentlichen und letzten Absoluten zu kommen, müsse man die Personen lassen, da diese erst aus dem Wesen Gottes hervorgegangen seien. Wie wir gesehen haben, wird im Zen das Absolute überhaupt nicht, auch nicht vorübergehend, als Person gefaßt, sondern als unpersönlich. Daher das oben zitierte Wort Rinzais, des Begründers des Rinzai-Zen: »Töte Buddha, töte Gott, töte deine Ahnen etc.« Nur so kann man nach Rinzai zum Absoluten kommen. Eckhart leugnet natürlich die Wirklichkeit der Person, richtiger gesagt, der drei Personen in Gott, nicht, aber das letzte liegt bei ihm noch vor den Personen, und dort trifft er sich mit dem Zen. Wie immer man Eckhart interpretieren mag, er steht dem Zen-Buddhismus jedenfalls näher als die traditionelle Theologie.

Eine andere Entsprechung finden wir bei Meister Eckhart in der vollkommenen Entsagung, von der er in der vorhin zitierten (S. 103) Predigt von der Armut spricht. Es geht dort um die Armut im Geiste. Eckhart sagte u. a.: »Denn, soll der Mensch wahrhaft Armut haben, so muß er seines geschaffenen Willens so ledig sein, wie er's war, als er noch nicht war...«[45]

Im Zen würde man diese Sprache sofort verstehen, denn es gilt dort das Prinzip: »Durch vollkommene Verneinung zur vollkommenen Bejahung.« Alles Wollen und Streben muß aufhören, wenn man zur Erleuchtung kommen will. Ein weiteres Beispiel sei angeführt, Eckhart sagt zu der praktischen Anwendung auf die Armut in obigem Sinne: »Wer nun einen wahrhaften Menschen, der aus dem eigenen Grunde wirkt, fragte: ›Warum wirkst du deine Werke?‹ – sollte er recht antworten, er spräche nichts anderes als: ›Ich wirke darum, daß ich wirke.‹«[46] Eine solche Antwort wäre im Zen durchaus zulässig. Sie erinnert an das im Zen viel geübte *mondo* (Frage und Antwort). Bei Eckhart bedeutet diese Antwort, daß es bei dem wahrhaften Menschen kein »Warum?« gibt. Dieses »Ohne Warum« findet seine Anwendung unter anderem im »Weg des Bogenschießens« *(kyudo)*, das ganz den Geist des Zen atmet; denn dort wird nicht gezielt und trotzdem – oder gerade deswegen– getroffen: ins Absolute.

Die Auffassung Eckharts vom vollkommenen Menschen erinnert uns auch an das Zen, wo er sagt, daß da der Seelengrund eins sei mit dem Gottesgrund: »Mein Grund ist Gottes Grund und Gottes Grund ist mein Grund.« Eckhart folgert daraus, daß Gottes Wirken mein Wirken ist und mein Wirken Gottes Wirken. Im Zen entspricht dem das Einswerden mit dem Absoluten, wovon bereits die Rede war. Das Zen geht freilich insofern weiter als Eckhart, als es ein Selbst von vornherein nicht annimmt. Auch die Umwandlung des Menschen hat bei Eckhart eine andere

Ursache als in der Auffassung des Zen-Buddhismus. Denn sie geschieht durch die Gnade Christi und außerdem nach dem Vorbild Christi, des Logos, der das einzige vollkommene Abbild des Vaters ist. Und das geschieht so vollkommen, daß der Mensch dem Logos fast gleich wird, um nicht zu sagen, identisch mit ihm wird. Man wird hier erinnert an Gal 2,20: »Nicht mehr ich lebe, sondern Christus lebt in mir.« Dieses Wort wird übrigens gar nicht selten in Verbindung mit dem Zen zitiert.

Johannes vom Kreuz: Es gibt kaum einen Lehrer der christlichen Mystik, der eine so radikale Selbstverleugnung verlangt wie Johannes vom Kreuz. Er steht darin dem Zen nicht nach. So wie das *mu* (Nichts) gewissermaßen die ganze Aszese des Zen repräsentiert, so geschieht das bei Johannes vom Kreuz durch das *nada*. Nehmen wir ein Beispiel. Man findet bisweilen Vertreter des Zen, die der Meinung sind, daß es der christlichen Mystik darauf ankomme, Visionen zu haben, während das Zen solche entschieden ablehnt, und die aus diesem Grunde das Zen nicht als Mystik bezeichnet haben wollen. Daß dies ein Mißverständnis ist, hat niemand klarer ausgesprochen als Johannes vom Kreuz. Er sagt darüber:

»Von allen diesen Wahrnehmungen und Visionen der Einbildungskraft und anderen Bildern und Eindrücken, welche sich in irgendwelcher Form oder einem Bild oder einer besonderen Erkenntnis darbieten, mögen sie nun unecht sein [. . .] oder [. . .] von Gott stammen, darf sich der Verstand nicht verwirren und einnehmen lassen [. . .] Der Grund hierfür liegt darin, daß alle die genannten Formen [. . .] bei ihrer Wahrnehmung sich stets in irgendeiner beschränkten Art und Weise offenbaren. Die göttliche Weisheit dagegen, mit der sich der Verstand vermählen soll, kennt keine Art und Weise und ist erhaben über jede Schranke einer bestimmten Einzelerkenntnis; denn sie ist durchaus lauter und einfach.«[47]

Daß das Zen für die Erlangung des Satori dasselbe verlangt, haben wir zur Genüge dargelegt. Der Grund dafür ist derselbe, insofern auch die Erleuchtung mit keiner Form, keinem Bild und keiner Einzelerkenntnis vereinbar ist. Es muß daher auch im Zen

eine Reinigung der Sinne und des Geistes stattfinden, damit die Erleuchtung eintreten kann. Das aber geschieht durch das Zazen, verbunden soweit als möglich mit einer entsprechenden Lebensweise. Sind einmal die notwendigen Voraussetzungen erfüllt, so tritt nach Aussage der Zen-Meister die Erleuchtung ein, ob der Betreffende es will oder nicht. Manche Autoren sagen dasselbe von der Mystik, selbst wenn dafür eine besondere Gnade notwendig wäre, da dieselbe dann bestimmt von Gott gegeben würde. Daß in dieser Hinsicht von Zen und christlicher Mystik das Gleiche gilt, erscheint uns jedoch zweifelhaft. Denn im Zen kann man mit gewissen Einschränkungen sagen, daß jeder, der sich genügend anstrengt, zur Erleuchtung kommt. Wohl weitaus die meisten Zen-Meister sind dieser Ansicht, und diese Meinung wird durch die Erfahrung bestätigt. Dagegen sind die Mystiker im christlichen Sinne selbst da, wo die Bedingungen günstig sind und ein voller Einsatz stattfindet, doch sehr selten.
Nach Johannes vom Kreuz gibt es als Vorbereitung oder Vorstufe für die mystische Vereinigung eine Art der Meditation, die dem Zazen, was die innere Haltung betrifft, sehr ähnlich ist. Er nennt dieselbe »dunkle Beschauung«. Bevor sie getätigt werden kann und soll, wird auch bei ihm vorausgesetzt, daß man sich längere Zeit in der gegenständlichen Betrachtung geübt hat. Bei der dunklen Beschauung blickt die Seele oder das geistige Auge gewissermaßen in ein vollkommenes Dunkel. Es gibt dort kein Objekt, das betrachtet wird oder über das nachgedacht wird. Und trotzdem ist diese Meditation nicht wirkungslos. Es ist auch ein Licht in diesem Dunkel, aber der Geist nimmt es nicht wahr, weil er noch nicht genügend gereinigt ist, fühlt sich aber von diesem Dunkel geheimnisvoll angezogen. Dieser Vorgang spielt sich in ähnlicher Weise im Zen ab, nachdem die Anfangsschwierigkeiten überwunden sind, und es leichter geworden ist, in den Zustand des *zanmai* hineinzukommen. Die dunkle Beschauung ist ebenso wie die in der »Wolke des Nichtwissens« beschriebene Meditation artverwandt mit dem Zazen[48].
Theresia von Avila: Im Anschluß an die vorher zitierten Stellen schreibt Theresia von sich: [. . .] »Ich dachte nun nicht mehr so

gern an unseren Herrn Jesus Christus und überließ mich dafür jenem besinnungsberaubenden Versunkensein, das immer auf geistigen Genuß wartetete. [...] Da ich nicht immer in diesen Genuß vertieft sein konnte, schweiften meine Gedanken hin und her. [...] Ich verlor viel Zeit, schritt in der Tugend nicht voran und kam auch im Gebete nicht vorwärts.«[49] Ein solches Verhalten würden auch die Zen-Meister nicht befürworten, weil es auf jeden Fall die Erleuchtung verhindert oder wenigstens verzögert. Je nach Veranlagung kann man mehr oder weniger leicht in angenehme Zustände kommen beim Zen. Die Regel ist dann immer, daß man nicht daran haften bleiben darf.

Theresia sagt von der siebten Wohnung der Seelenburg: »Die erste Wirkung ist ein solches Vergessen der Seele, daß [...] ihr Sein ein Ende genommen zu haben scheint. Sie denkt nicht daran, daß es für sie einen Himmel oder ein Leben oder eine Ehre gebe; ihr ganzes Streben geht jetzt viel mehr dahin, die Ehre Gottes zu fördern.«[50] Wer im Zen die Erleuchtung völlig integriert hat, vergißt sich selbst und die Erleuchtung. So wie der Christ in der letzten Wohnung der Seelenburg nur noch für Gott und den Nächsten lebt, so ist die positive Auswirkung bei dem Erleuchteten die Barmherzigkeit gegen alle Wesen. Auch in der Haltung gegenüber dem Leiden gibt es für beide eine positive Haltung. Der Meister Watanabe Genshu, der seinerzeit Abt im Sojiji bei Yokohama war, sagte mir einmal, daß durch das Leiden der religiöse Geist nur noch vertieft würde.

Auch gegenüber dem Tod besteht bei beiden eine Übereinstimmung, indem sie beide den Tod nicht fürchten. Paulus sagte: »Ich wünsche aufgelöst zu werden und mit Christus zu sein« (Phil 1,23). Der Erleuchtete sagt: Es besteht kein Unterschied zwischen Leben und Tod. Wer eine tiefe Erleuchtung erfährt, der hat keine Furcht vor dem Tod mehr. Es gibt etwas, das niemals stirbt und schon immer da war.

Johannes Tauler: »Und es ist eine Frage unter den Menschen, ob, wenn der Mensch sich willentlich den Dingen zuwendet, die zerfließen, ob der Geist mit verfließe. Und sie sagen gemeiniglich: Ja. Aber ein edler großer Meister sprach: Wenn der Mensch sich mit seinem ganzen Gemüte und mit seinem ganzen Willen und seinem Geist in Gott wende, so wird alles wiedergebracht in dem Augenblick, da er es verloren hat.«[51]

Mystik der Ostkirche: Die bisher besprochenen Mystiker gehörten dem europäischen Westen an. Nun hat aber auch die Ostkirche eine Mystik entwickelt, die zwar als christliche Mystik im wesentlichen mit der der Westkirche übereinstimmt, aber doch ihr eigenes Gepräge hat. Wir dürfen dieselbe daher im Rahmen unseres Themas nicht mit Stillschweigen übergehen, und das umso weniger, als sie in ihrer Eigenart den Hochreligionen Asiens besonders nahesteht. Das tritt vor allem in folgenden Eigentümlichkeiten hervor.

1. Zunächst fällt auf, daß die Mystik der Ostkirche eine zentralere Stellung einnimmt, als dies in den Kirchen des Westens der Fall war und noch ist. Im westlichen Christentum bestanden immer erhebliche Spannungen zwischen Theologie und Mystik. Die Versuche, diese beiden Bereiche harmonisch miteinander zu vereinigen, sind immer gescheitert. Die Tragik Eckharts ist ein Beispiel dafür. Dagegen stand in der Ostkirche die Mystik immer in engster Beziehung zur Theologie. Spannungen hat es natürlich auch dort gegeben, aber es kam nie zum Bruch. Dem christlichen Osten ging es in allen Gestaltungen seines spekulativen Genius um Fragen lebendiger Gottesvereinigung, während man an jenen Fragen, die die spekulative Theologie im Westen viel beschäftigt haben, wie Wesen und Eigenschaften Gottes und dergleichen, kaum interessiert war[52]. In dieser Grundeinstellung zur Mystik stimmt die Ostkirche mit den großen Religionen wie Hinduismus und Buddhismus überein, wo man noch einen Schritt weitergeht und die mystischen Erfahrungen als unumgänglich notwendig für die Erlösung ansieht. So weit ist man in der Ostkirche zwar nicht

gegangen, aber man hat doch immer daran festgehalten, daß der Mensch, wenn er mit der Taufgnade ernstlich mitwirkt, zur mystischen Schau gelangt. Hier lebt noch die Auffassung von der christlichen Gnosis, die wir bei Klemens von Alexandrien fanden und mit dem Zen verglichen haben.

2. Während in der Mystik des Westens, die besonders in der Gegenwart stark von Theresa von Avila und Johannes vom Kreuz beeinflußt ist, viel und zentral von der Liebe Gottes die Rede ist, tritt dieses Element, obwohl es zweifellos auch vorhanden ist, zurück, und wir hören hier mehr vom Licht Gottes. Die Mystik der Ostkirche ist im Gegensatz zur Liebesmystik des Westens eine schauende Gottesmystik. So sagt einer ihrer bedeutendsten Vertreter, Isaak von Ninive: »Wer über seine Seele in jeder Stunde wacht, dessen Herz wird mit Offenbarungen beglückt. Wer sich im Inneren zur Kontemplation sammelt, wird den Lichtglanz des Geistes in sich schauen.«[53] Die höchste Erfahrung in dieser Mystik wird bezeichnenderweise »Taborlicht« genannt. Im Zen nennt man sie »Erleuchtung« oder »Wesensschau«. Von der Liebe spricht man überhaupt nicht im Zen. Das beweist zwar nicht, daß es im Zen keine Liebe gibt; im Gegenteil ist die barmherzige Liebe im Buddhismus allgemein und auch im Zen immer eine Grundstimmung gewesen. Dennoch wird man in den Aussprüchen der Meister selten das Wort Liebe finden. Sie wird sicher nicht als das zentrale Element im Satori selbst empfunden.

3. Die im Westen gegenwärtig übliche Unterscheidung von Aszese und Mystik macht man in der ostkirchlichen Spiritualität nicht. Die Meditation beginnt daher auch dort mit der Entleerung des Geistes, ohne daß eine Periode der gegenständlichen Betrachtung als notwendig erachtet wird. Der hl. Nilus sagt z. B.: »Wenn einer seinen Geist im Ruhestand sehen will, muß er sich von allen Gedanken leer machen und dann wird er jenen schauen, der gleich einem Saphir ist oder wie die Himmelsfarbe.«[54] Auch im Zen macht man jene Unterscheidung nicht und kennt auch keine gegenständliche Betrachtung.

4. Wie im Zen, so werden auch hier alle Bilder und Visionen von vornherein abgelehnt. Nilus sagt:

»Wenn du ruhen willst und allein sein mit deinem einzigen Gott, sollst du nichts annehmen, was mit den Sinnen oder im Geiste schaubar wäre, weder in dir noch außer dir, sogar wenn es das dem Geiste erscheinende Bild Christi wäre oder die Engel oder Heilige oder eine Lichtgestalt. Bleibe solchen Dingen gegenüber kritisch und unbeweglich . . .«[55]

Alle diese Phänomene bezeichnet man merkwürdigerweise mit fast demselben Wort wie im Zen, nämlich »Teufelswerk«, wofür im Zen das *makyō* (»Teufelswelt«) gebraucht wird.

5. Ganz besonders erinnert uns das in der Ostkirche gebräuchliche »Jesusgebet«, auch »Hesychasmus« (griech. *hesychia* = Ruhe) genannt, an das Zazen. Auch dort ist eine bestimmte Körperhaltung vorgeschrieben, und das Gebet wird in Verbindung mit der Atmung verrichtet. Wir greifen nur einige Punkte heraus. In der Anweisung heißt es: »Schaue mit deiner Einbildung in das Innere deines Herzens, führe den Verstand, d. h. den Gedanken aus dem Kopf in das Herz.« Auch beim Zazen ist der Blick nach Innen gekehrt, obwohl die geöffneten Augen auf einen festen Punkt gerichtet sind. Beim Jesusgebet sind die Augen geschlossen, damit man von keinerlei äußeren Dingen abgelenkt wird. Des näheren ist beim Zazen der innere Blick nicht in das Innere des Herzens, sondern auf einen tiefer liegenden Ort, das *tanden* (Unterleib) gerichtet. Jedenfalls soll man aber in beiden Fällen die Gedanken aus dem Kopf heraus führen, das heißt, das diskursive Denken muß eingestellt werden. In dieser Hinsicht stimmen beide Techniken vollkommen überein. Daß der Blick beim Jesusgebet in das Innere des Herzens gerichtet wird, hat eine tiefe Bedeutung und ist jetzt für dieses Gebet wesentlich. Ursprünglich waren die Augen nicht geschlossen, sondern auf den Nabel gerichtet. Das deutet wohl auf die Herkunft dieser Technik hin, die wahrscheinlich aus Indien stammt, sei es nun vom Yoga oder vom Buddhismus.

Das Gebet hat seinen Namen von der immer wiederholten Formel »Herr Jesus Christus, erbarme dich meiner!«, die in Verbindung mit dem Atmen ausgesprochen wird, und zwar so, daß beim Einatmen die Worte »Herr Jesus Christus« und beim Ausatmen die andere Hälfte: »Erbarme dich meiner!« ausgesprochen werden. Ursprünglich wurde nur der Name »Jesus« ausgesprochen (meist mit Verteilung der beiden Silben auf die Ein- und Ausatmung). Wegen dieser Anrufung, die als Stoßgebet unzählige Varianten im christlichen Gebet hat, wird das Jesusgebet oft mit dem *nenbutsu* (Anrufungen des Amida oder der Lotus-Sutra), das in einigen buddhistischen Sekten in Japan viel in Gebrauch ist, in Verbindung gebracht. Wenn man nur die äußere Form betrachtet, liegt das freilich näher, als eine Verwandtschaft mit dem Zazen zu vermuten. Aber es ist weder historisch gesehen, noch bezüglich des Atemrhythmus, der im Nenbutsu nicht vorgeschrieben ist, wahrscheinlich, daß das Jesusgebet eine Weiterbildung des buddhistischen Nenbutsu ist. Hinzu kommt noch, daß das Jesusgebet, konstant geübt, in seinen Wirkungen, sowohl den körperlichen wie den geistigen, dem Zazen überraschend ähnlich ist. *Makyō* (Erscheinungen), unerklärliches freudiges Gefühl, tiefe Sammlung und hohe mystische Erfahrungen finden wir dort ebenso wie im Zen, und zwar ausgesprochen mit der Note des Lichtes. Auch die letzte Mahnung in der Anweisung des Jesusgebetes paßt recht gut zum Zen: »Bemühe dich, zerstreuende Gedanken zu vertreiben, habe Ruhe und Geduld vor allem und wiederhole diese Beschäftigung sehr häufig.« Ausdauer ist auch hier das Geheimnis des Erfolgs.

Zusammenfassend kann man von der Spiritualität der Ostkirche sagen, daß sie die Brücke zwischen den großen Religionen Asiens und dem Christentum ist.

Zusammenfassung

Wir haben den Erleuchtungsweg des Zen-Buddhismus mit der christlichen Mystik verglichen. Was ist das Ergebnis unserer Untersuchung?

1. Was die Wege angeht, konnten wir trotz großer Unterschiede in der beiderseitig zu Grunde liegenden Weltanschauung große Ähnlichkeiten feststellen. Das ist wohl in erster Linie dadurch zu erklären, daß die menschliche Natur mit ihren Neigungen und Schwächen einerseits und ihren trotzdem fast unbegrenzten Möglichkeiten überall dieselbe ist. Sind also, abgesehen von der Beteiligung des Körpers und mancher nicht wesentlicher Unterschiede, beide Wege gleich? Wir gehen wohl nicht fehl, wenn wir diese Frage bejahen. Das gilt freilich nur so weit, als die menschliche Tätigkeit beteiligt ist. Was die Mitwirkung der »anderen Kraft« (jap. *tariki*), die wir im christlichen Bereich »Gnade« nennen, betrifft, so können wir darüber keine Regel aufstellen[56].

2. Die nächste Frage ist, ob auch das Ziel beider Wege, nämlich die Erleuchtung und die Erfahrung der christlichen Mystiker, ein und dasselbe ist. Eine weitere Frage, die hier gestellt werden kann und mit der vorhergehenden in etwa zusammenfällt, bezieht sich auf den »Durchbruch« selbst, sei es nun im Sinne des Satori im Zen-Buddhismus oder im Sinne eines großen mystischen Erlebnisses wie etwa jenes, das der hl. Ignatius von Loyola hatte, nachdem er unmenschliche Kasteiungen vollzogen hatte und durch innere Not bis an den Rand der Verzweiflung geraten war[57]. Hier wäre die Frage zu stellen: In welcher Beziehung steht das Erlebnis des christlichen Mystikers zu den vorhergegangenen Anstrengungen und Leiden? Im Zen, also im Falle des Satori, erklärt man diesen Zusammenhang im allgemeinen durch die Beziehung zwischen Wirkung und Ursache: Es ist in beiden Fällen ein wirkliches Sterben des Alten notwendig, damit ein Neues erstehen kann.

3. Was nun das Erlebnis selbst, das heißt die Erleuchtung und die christlich-mystische Erfahrung betrifft, so können wir wohl nach allem, was wir bei unserer Untersuchung gefunden haben, das zuletzt Gesagte eingeschlossen, mit Recht sagen, daß sowohl im einen wie im anderen Falle ein Transzendenz-Erlebnis vorliegt. Das heißt, die gewöhnlich sinnlich-geistige Tätigkeit wird des Sinnlichen entkleidet oder geht darüber hinaus, und es findet eine rein geistige Tätigkeit statt, deren Möglichkeit mit der Natur des Menschen gegeben ist und daher zwar immer vorhanden, aber meistens gebunden ist. Wie dann weiter das Erlebnis im einzelnen Falle gestaltet und gefärbt ist, ob theistisch, pantheistisch oder monistisch, hängt von Umständen ab, über die wir schon gesprochen haben. Sollte die Auffassung richtig sein, daß in jedem Satori der Gesamtinhalt des Unterbewußten, wenn auch in einer geschlossenen Einheit, ins Bewußtsein einbricht[58], so müßte auch jedes Element des echten Christseins im Satori eines Christen eingeschlossen sein, vorausgesetzt freilich, daß es auch im Unbewußten vorhanden ist. Daraus würde sich ergeben, daß ein Satori, ein »reines Zen-Satori« –, für einen Christen möglich ist. Die Erfahrungen mit gläubigen Christen bezüglich des Satori sind noch zu dürftig, als daß man von dort her diese Frage beleuchten könnte. Aber es wird sich vielleicht im Laufe der Zeit herausstellen, daß Christen, die ihren Gottes- und Christus-Glauben bewahrt haben, ein Satori haben, das gleichzeitig ein im christlichen Sinne mystisches Erlebnis ist. Der Klarheit halber weisen wir nochmals darauf hin: Der Gottesglaube ist an sich kein Hindernis für das Satori und auch für das Zen-Satori; denn in jedem Satori, auch in dem eines Buddhisten, wird das Absolute erfahren. Ob es *der* Absolute ist oder *das* Absolute, ist in diesem Zusammenhang nicht von Bedeutung.

Damit sind wir zum Ende gekommen. Vieles bleibt gewiß noch ungeklärt. Aber es ist zu hoffen, daß in gemeinsamer Arbeit aller, die an dieser Frage interessiert sind – unter beständiger Fühlungnahme mit den praktischen Erfahrungen, die auf diesem Gebiete gemacht werden –, auch diese Fragen zum Besten der in unseren

Tagen viel geprüften Menschheit in nicht allzu ferner Zukunft gelöst werden, soweit das überhaupt möglich ist. Denn die letzte Dunkelheit wird erst von unseren Augen genommen, wenn wir selbst zur ewigen Schau gelangt sind. Dies betrifft alle: Christen und Nichtchristen.

III

Zazen und die Exerzitien des Ignatius von Loyola

Einleitung

Schon C. G. Jung hat gesagt, daß es außer den Exerzitien des Ignatius von Loyola in der christlichen Spiritualität keine Methode gebe, die man als solche mit Yoga oder Zen vergleichen könnte. Er hat selbst in einem Kurs diese Übungen auch aus Erfahrung kennengelernt. Andererseits hat er auch für die Meditationsmethoden der östlichen Religionen großes Interesse gehabt. Neben vielen anderen Veröffentlichungen auf diesem Gebiet ist die von ihm verfaßte Einleitung zu D. T. Suzuki's »Die große Befreiung« weithin bekannt. Es gibt gewiß viele christliche Meditationsmethoden. Aber man hat bisher im christlichen Bereich keine Methode entwickelt, die, auch die natürlichen Fähigkeiten des Menschen voll ausnützend, Schritt für Schritt zur höchsten Vollkommenheit und sogar zur mystischen Erfahrung führt oder wenigstens versucht, das zu tun.
Die Frage nach dem Verhältnis der »Geistlichen Übungen« zum Zen ist neuerdings noch von anderer Seite gestellt worden. Diesmal sind es nicht die Psychiater, sondern Priester und Laien, die diese Übungen geben bzw. zur Vertiefung ihres religiösen Lebens daran teilnehmen. Aber auch abgesehen von den Fachleuten auf beiden Seiten drängt sich die Frage von der kritischen Lage her auf, die sich mehr und mehr in der christlichen Spiritualität fühlbar macht. Während nämlich Methoden wie das Zen sich in schnellem Tempo in christlichen Ländern ausbreiten, ist die Zahl jener, die sich von den Exerzitien angezogen fühlen, stark zurückgegangen. In allerletzter Zeit ist freilich eine Rückbesinnung zu verzeichnen. Aber das Ergebnis ist bisher im Vergleich zu den beständig weitere Kreise ziehenden östlichen Methoden immer noch verschwindend klein. Das ist um so mehr zu verwundern, als diese Übungen, nachdem sie einmal durch die Ordensangehörigen des Ignatius eingeführt waren, von einer großen Zahl von Männern und Frauen aus allen Schichten der christli-

chen Bevölkerung, angefangen von den Intellektuellen bis zu den Vertretern aller Berufe, Studenten und Fabrikarbeiter eingeschlossen, gefragt wurden. Freilich wurden die Exerzitien dabei nicht immer mit jener Strenge und Intensität, wie es von Ignatius gefordert wurde, gegeben bzw. gemacht. Auf diesen Punkt kommen wir später noch zurück. – Jedenfalls waren sie mit demselben Geist erfüllt und haben in dieser popularisierten Form große Massen angezogen. Bezeichnend ist gegenwärtig die Tatsache, daß nicht wenige jener eifrigen Christen, die früher Exerzitien machten, es nun vorziehen, an Zenkursen teilzunehmen, obwohl diese nicht christlichen Ursprungs sind. Aus diesem Grunde wird heute oft gefragt, ob es eine Beziehung zwischen beiden gebe, und wenn ja, worin diese Beziehung bestehe und ob sich beide Methoden miteinander vereinigen lassen.

Da die Geistlichen Übungen des Ignatius nicht aus theoretischen Erwägungen, sondern aus eigener Erfahrung des Verfassers entstanden sind, möchten wir wenigstens einige Bemerkungen über seinen Lebensweg vorausschicken. Zunächst einige Daten über den äußeren Verlauf.

Ignatius, Gründer des Jesuitenordens, wurde 1491 als letzter Sohn einer altadeligen baskischen Familie auf dem Herrensitz Loyola bei Azpeitia in der Provinz Guipúzcoa geboren. 1521 wurde er als Offizier im Dienste des Herzogs von Nájera, Antonio Maurique de Laras, bei der Verteidigung der Zitadelle von Pamplona, einer kleinen Stadt südlich der Pyrenäen, schwer verwundet. Die angreifenden Franzosen nahmen die Festung ein, behandelten den Verwundeten mit ritterlicher Höflichkeit und brachten ihn eigens nach Loyola, wie Ignatius in seiner Autobiographie rühmlich berichtet[1].

Dort verschlimmerte sich sein Zustand solchermaßen, daß die Ärzte ihm kaum noch Hoffnung gaben. Doch trat bald eine Wendung zum Besseren ein. Die Heilung ging nur langsam voran. Aber während dieser Zeit erkannte Ignatius allmählich die Eitelkeit des weltlichen Ruhmes, nach dem er bisher gestrebt und für den er sein Leben aufs Spiel gesetzt hatte. Ignatius entschloß sich, das neugeschenkte Leben ganz im Dienste Gottes und seiner

Mitmenschen zuzubringen. Trotz des Widerstandes seines älteren Bruders, der inzwischen Schloßherr geworden war, verließ er Loyola, um seinen Entschluß auszuführen. Er ging zunächst zu dem berühmten Heiligtum Unserer Lieben Frau in Montserrat, wo er Schwert und Dolch als Weihgeschenke am Muttergottesaltar aufhängte, nachdem er eine Nacht hindurch betend die Ritterweihe gehalten hatte. Von dort nahm er seinen Weg nach dem Städtchen Manresa. In einer Höhle nahebei lebte er nun ein Jahr als Eremit im Gebet und unter Kasteiungen. Nach vielen Prüfungen wurden ihm große mystische Gnaden zuteil. Er wurde in Wahrheit ein neuer Mensch.

Im Juni desselben Jahres unternahm er eine Pilgerreise nach Jerusalem. Er hatte zwar die Absicht, dort bis zum Ende seines Lebens zu bleiben und für die Bekehrung der Ungläubigen zu wirken. Doch konnte er seinen Plan nicht verwirklichen, da die dort zuständigen kirchlichen Behörden auf Grund unliebsamer Erfahrungen in früheren Fällen ihm nicht die Erlaubnis dazu gaben. Doch er sah darin einen Fingerzeig Gottes und kehrte nach Spanien zurück. Dort studierte er zunächst Latein in Barcelona und später die höheren Fächer in Alcala und Salamanca, um sich auf das Priestertum vorzubereiten. Gleichzeitig gab er religiöse Unterweisungen für Kinder und Erwachsene von geringer Bildung. Auch gab er eifrigen Personen die Exerzitien. Doch wurde er wegen seiner seelsorglichen Tätigkeit mehrfach der Häresie verdächtigt, vor Gericht gestellt und zeitweilig eingekerkert. Einem Besucher, der ihn im Gefängnis besuchte und seine Teilnahme aussprach, entgegnete er: »Es gibt in Salamanca nicht soviele Handschellen, als daß ich nicht noch mehr aus Liebe zu Gott an mir zu tragen verlangte.«[2] Es war die Zeit der beginnenden Reformation, einige Jahre nachdem Martin Luther seine Thesen in Wittenberg angeschlagen hatte; man war überall äußerst empfindlich, was die kirchliche Lehre betraf. Ignatius wurde zwar freigesprochen und aus dem Gefängnis entlassen. Aber es wurde ihm verboten, die christliche Lehre zu verkünden, solange er seine Studien nicht abgeschlossen hatte. Daher verließ er Spanien und siedelte nach

Paris über, wo er bis zum Abschluß seiner Studien blieb. 1537 wurde er zum Priester geweiht.

Während dieser Zeit legte er zusammen mit einigen Mitstudenten den Grundstein seines Ordens. Einer von ihnen war Franz Xavier, der später als Glaubensbote nach Indien und Japan ging, wo er übrigens auch dem Zen begegnete. Ignatius hatte allen seinen Gefährten einzeln die Exerzitien gegeben. Der Orden wurde von Papst Paul III. 1540 approbiert. Ignatius wurde als erster Generaloberer gewählt und blieb es bis zu seinem Tode 1556. Seine Heiligsprechung erfolgte 1622.

Die Geistlichen Übungen, von denen nun die Rede sein soll, stehen so eng in Beziehung zu dem inneren Werdegang ihres Verfassers, daß man ihre Abfassung in gewissem Sinne als die Geschichte seiner Seelenreise von der Kindheit bis zum Mannesalter bezeichnen kann. Das meiste davon wurde schon in Manresa geschrieben. Andere Teile kamen in den folgenden Jahren hinzu. Das Buch wurde 1535 abgeschlossen. Der älteste Text ist das Autograph von 1541. Es gibt außerdem zwei Dokumente, die von Ignatius selbst stammen. Das eine ist die schon erwähnte Autobiographie (»Der Bericht des Pilgers«). Es wurde von Pater Luis Goncalves de Câmera nach dem mündlichen Bericht des Ignatius niedergeschrieben. Die andere Quelle sind Aufzeichnungen, die Ignatius in späteren Jahren über seine Gebetserfahrungen gemacht hat. Sie stehen zum großen Teil in Verbindung mit der Abfassung der Ordenssatzungen. Leider sind diese aber nur noch zu einem geringen Teil vorhanden. Den größten Teil hat Ignatius vor seinem Tode vernichtet.

Aus dem »Bericht des Pilgers« möchten wir schon hier die eine oder andere Stelle anführen. Ignatius erklärt, »er habe die Geistlichen Übungen nicht in einem Tage niedergeschrieben, sondern zunächst nur einige Punkte, die er in seinem Inneren beobachtete und die er nutzbringend fand. Er habe geglaubt, sie könnten auch für andere Menschen von Nutzen sein, und daher habe er sie zu Papier gebracht, so z. B. die Gewissenserforschung mit jenem Linienschema und anderes mehr. Besonders die Abschnitte über die Wahl, so sagte er mir, habe er jener Verschiedenheit der

Geister entnommen, die er in Loyola in sich erfuhr, als er noch infolge der Beinverwundung danieder lag.«[3] Er hatte damals wiederholt die Beobachtung gemacht, daß er sich verlassen und ohne Trost fühlte, nachdem er sich in seiner Phantasie große Ruhmestaten ausgemalt hatte, wie er sie früher in den Ritterromanen gelesen hatte. Wenn er dagegen im Leben der Heiligen gelesen hatte und sich vorstellte, daß er nach ihrem Beispiel Bußwerke verrichten würde, so empfand er nachher tiefen Trost in seiner Seele. »Und als er später die Exerzitien verfaßte, begann er von hier aus Klarheit über die Lehre von der Verschiedenheit der Geister zu gewinnen.«[4] Wiederholt sagt er, daß er vollkommen unwissend in geistlichen Dingen war: »Er hatte noch keinen Blick für innere Werte und verstand nicht, was Demut, Liebe, Geduld eigentlich seien. Und er kannte jenes Gespür für Gottes Willen noch nicht, das diese Tugenden zu lenken und ins rechte Maß zu bringen hat.«[5] Bisweilen ließ er sich auch täuschen durch Erscheinungen, die er später als unecht erkannte. So berichtet er von seinem Aufenthalt in einem Armenspital: Dort »erlebte er häufig, daß er am hellichten Tage irgend etwas in der Luft nahe bei sich sah, was ihm großen Trost schenkte, da es ausnehmend prächtig anzuschauen war. [. . .] Wenn aber jene Erscheinung seinen Augen entschwand, empfand er darüber großen Kummer.«[6] Das wiederholte sich viele Male, bis es wieder »einmal auftauchte, als er vor einem Kreuze kniete und klar erkannte, daß jenes Etwas ein Bild des Teufels war, und dies war begleitet von einer festen Zustimmung des Willens.«[7] Von da ab ließ er sich nicht mehr auf die Erscheinung ein, bis sie schließlich ganz verschwand. Aus seiner Studienzeit berichtet er von zwei Fällen, wo er gerade während der Vorlesungen von so starken Tröstungen heimgesucht wurde, daß es ihm unmöglich war, dem Unterricht zu folgen. Ähnliches geschah zu anderer Zeit, nämlich wenn die festgesetzte Stunde zum Schlafen gekommen war, obwohl er diese Zeit sehr knapp bemessen hatte. In beiden Fällen verschwanden diese Tröstungen, nachdem er sich vorgenommen hatte, sie einfach zu ignorieren.

In Manresa litt er zeitweilig in solchem Maße unter Skrupeln, daß er fast verzweifelte und ihm Selbstmordgedanken kamen. Aber auch diese Prüfung ging vorüber, und er litt nie mehr unter diesem Übel. Seine Erfahrungen mit Skrupeln fanden ihren Niederschlag in den Regeln über Skrupel, die auch ins Exerzitienbüchlein aufgenommen sind.

Auf andere Gelegenheiten werden wir noch in den folgenden Ausführungen stoßen. Hier möchten wir nur noch auf einen Umstand hinweisen. Obwohl Ignatius, nachdem er seine geistliche Pilgerschaft angetreten hatte, immer wieder nach Menschen Ausschau hielt, mit denen er über geistliche Dinge reden konnte, fand er kaum solche, die ihn wirklich beraten konnten. Er sagt selbst, daß Gott ihn wie ein Kind geführt habe. So lernte er die Stimme des »inneren« Meisters zu vernehmen und ihr treu zu folgen, nachdem er den unwiderruflichen Entschluß gefaßt hatte, Gott unter keinen Umständen zu beleidigen und nichts anderes als seinen Willen zu suchen.

Das Gesagte darf allerdings nicht so verstanden werden, daß alles, was in diesem Büchlein geschrieben steht, von Ignatius zum erstenmal gesagt wurde. Im Gegenteil, auch er steht im Strom der christlichen Spiritualität, die in den Evangelien ihren Ursprung hat und sich von dort aus unter vielseitigen Einflüssen weiterentwickelt hat.

Im folgenden werden wir zunächst kurz erklären, worin die Geistlichen Übungen einerseits und das Zen andererseits im Wesentlichen bestehen. Sodann sollen die Verschiedenheiten und Übereinstimmungen dargelegt werden. Zum Abschluß möchten wir einige Erwägungen über die Möglichkeit gegenseitiger Ergänzungen anstellen.

Die Exerzitien des Ignatius

Dem Text geht das von Ignatius sehr geschätzte Gebet »Anima Christi« voraus. Die darauf folgenden 20 »Vorbemerkungen« sind »*Anweisungen,* um einige Einsichten in die folgenden geistlichen Übungen zu erlangen und um sowohl dem zu helfen, der sie zu geben, wie dem, der sie aufzunehmen hat«[8]. Manche dieser Vorbemerkungen werden wir, soweit sie für unsere Ausführungen nötig sind, später an entsprechender Stelle zitieren.

Zweck der Geistlichen Übungen

Ignatius gibt nach den Vorbemerkungen folgende Überschrift: »Geistliche Übungen, *um über sich selbst zu siegen und sein Leben zu ordnen, ohne sich durch irgendeine ungeordnete Neigung bestimmen zu lassen«* (Nr. 21). Dabei geht es in den Ignatianischen Exerzitien ursprünglich darum, seinen Beruf zu erkennen, konkret gesagt, festzustellen, ob man Beruf zum Ordensleben hat, d. h. Verzicht auf Privatbesitz zu leisten, jungfräulich zu bleiben und in einer Gemeinschaft dem zuständigen Oberen Gehorsam zu leisten – kurz: Verpflichtung zu Armut, Keuschheit und Gehorsam. Darum handelte es sich auch in den meisten Fällen, in denen Ignatius die Exerzitien selbst gab. Im weiteren Sinne können sie auch gemacht werden von Leuten, deren Beruf schon festliegt, die z. B. bereits Ordensleute sind oder im Ehestand leben. In diesen Fällen sollen sie helfen, in dem jeweiligen Beruf möglichst vollkommen der Bestimmung des Menschen entsprechend zu leben.

Was die Zeitdauer betrifft, die für die Geistlichen Übungen vorgesehen ist, so heißt es in der vierten Vorbemerkung: »Für die folgenden Übungen werden vier Wochen angesetzt, die den vier Teilen entsprechen, in welche die Übungen eingeteilt werden, nämlich im ersten Teil die Erwägung und Betrachtung der Sünden, im zweiten das Leben Christi unseres Herrn bis zum Palmsonntag einschließlich, im dritten die Passion Christi unseres Herrn, im vierten die Auferstehung und Himmelfahrt, wobei die drei Gebetsweisen hinzugefügt werden« (Nr. 4). Das soll jedoch nicht heißen, daß jede Woche genau sieben Tage dauern müßte; jede Woche kann nach Bedarf mehr oder weniger Tage enthalten. Aber die Exerzitien sollen insgesamt etwa 30 Tage umfassen.

Fundament

Der ersten Woche wird eine Überlegung vorausgeschickt, die als »Fundament« (Principium et Fundamentum) bezeichnet ist. Sie enthält eine Begriffsbestimmung des letzten Ziels (des Menschen) und einige sich daraus ergebende Folgerungen. Sie lautet: »Der Mensch ist geschaffen dazu hin, Gott Unseren Herrn zu loben, Ihm Ehrfurcht zu erweisen und zu dienen, und damit seine Seele zu retten. Die andern Dinge auf der Oberfläche der Erde sind zum Menschen hin geschaffen, und zwar damit sie ihm bei der Verfolgung des Zieles helfen, zu dem hin er geschaffen ist.

Hieraus folgt, daß der Mensch dieselben so weit zu gebrauchen hat, als sie ihm auf sein Ziel hin helfen, und sie so weit lassen muß, als sie ihn daran hindern.

Darum ist es notwendig, uns allen geschaffenen Dingen gegenüber gleichmütig zu verhalten in allem, was der Freiheit unseres freien Willens überlassen und nicht verboten ist.

Auf diese Weise sollen wir von unserer Seite Gesundheit nicht mehr verlangen als Krankheit, Reichtum nicht mehr als Armut, Ehre nicht mehr als Schmach, langes Leben nicht mehr als kurzes, und folgerichtig so in allen übrigen Dingen.

Einzig das sollen wir ersehnen und erwählen, was uns mehr zum Ziele hinführt, auf das hin wir geschaffen sind« (Nr. 23).

Das Fundament geht nach seinem Wortlaut offenbar weit über den Rahmen der Exerzitien hinaus. Der erste Satz enthält die

Antwort auf die erste Frage des Katechismus, wie er bis vor einigen Jahren im katholischen Religionsunterricht benutzt wurde: »Wozu sind wir auf Erden?« Eine Frage, die heute mehr denn je in unzähligen Variationen gestellt wird. Viele bleiben allerdings schon bei der Vorfrage stecken: »Hat das Leben überhaupt einen Sinn?« – Die aus der Begriffsbestimmung des Zwecks gezogenen Schlüsse sind im Wesentlichen auch Eigengut der christlichen Spiritualität und im weiteren Sinne vielleicht aller Religionen. Ignatius steht mit dem Fundament mitten im christlichen Gedankengut, und es liegt ihm soviel daran, daß er in einem Vorbereitungsgebet, das er vor jeder Betrachtung wiederholen läßt, den Grundgedanken desselben dem Exerzitanten ins Gedächtnis zurückruft, nämlich: »von Gott unserem Herrn die Gnade erbitten dazu hin, daß alle meine Absichten, Handlungen und Beschäftigungen rein auf den Dienst und das Lob seiner göttlichen Majestät geordnet seien« (Nr. 46).

Die erste Woche

In der ersten Woche soll sich der Exerzitant auf die Sünde, und zwar nicht nur allgemein und theoretisch, sondern auch praktisch auf die von ihm in der Vergangenheit begangenen Sünden konzentrieren. Er soll sich vor allem um eine tief innerliche Erkenntnis der Sünde und entsprechenden Abscheu vor derselben bemühen. Tiefe Erkenntnis der eigenen Sündhaftigkeit und entsprechende Abkehr von allem, was sündhaft ist, war im Christentum stets der erste Schritt zum Streben nach höherer Vollkommenheit. Das lehrt uns auch die Geschichte der christlichen Mystik. Als positive Folge ergibt sich daraus die Demut, die ebenfalls dem Christentum eigen ist. Das ist durchaus verständlich, weil die Sünde das größte Hindernis für die Vereinigung von Gott und Mensch ist. In diesem Sinne ist die Demut das Fundament christlicher Vollkommenheit. Ohne das sind alle höheren Aspirationen Illusion und sogar eine Gefahr, noch tiefer in die Sünde zu fallen. Auch mit dieser Ordnung steht Ignatius vollkommen auf dem Boden christlicher Tradition. Wie aus seiner Selbstbiographie hervorgeht, war auch für ihn der erste Schritt auf dem Wege zur Vollkommenheit die radikale Abkehr von der Sünde. Was er über die Sünde gedacht und empfunden hat, kann man am besten aus seinen im Exerzitienbuch angegebenen Sündenbetrachtungen ersehen. Der moderne Mensch mag manchmal vor seiner Darstellung zurückschrecken. Ignatius hat es so geschrieben, wie er es empfunden hat.

Obwohl das Thema der ersten Woche, die Sünde, ein negativer Bezug ist, finden sich in den näheren Anweisungen auch hier schon unzweifelhafte Ausrichtungen auf die positiven Bezüge höchster christlicher Vollkommenheit, auf die der Weg von Anfang an gerichtet ist. De facto wird vorausgesetzt, daß der Exerzitant, schon bevor er die Exerzitien beginnt, mit der Sünde gebrochen hat. Die Absage an alles Sündhafte soll durch die Sündenbetrachtungen nur noch vertieft und gefestigt werden. Sollte sich herausstellen, daß der Exerzitant noch nicht auf diesem Standpunkt angekommen ist und noch von schweren Versuchungen bedrängt wird, so soll man ihn nach Anweisung des Verfassers nicht in die zweite Woche einführen. Vielmehr soll man ihm helfen, eine gute Lebensbeichte abzulegen und das Abendmahl zu empfangen und ihm Anweisungen geben, wie er sich allmählich von der Sünde losmachen und ein christliches Leben führen kann. Dazu werden im Exerzitienbuch wertvolle Ratschläge gegeben (Nr. 43f.).

Die zweite Woche

In dieser Woche wird dem Exerzitanten Christus vor Augen gestellt, auf daß er von Christus eine tief-innerliche Erkenntnis erlange, ihn mehr liebe und ihm möglichst vollkommen nachfolge. Gleichzeitig werden ihm Gedanken vorgelegt, die helfen können, eine richtige Wahl zu treffen. Gleich im Anfang und quasi als Einführung in das Leben Jesu soll er die Betrachtung vom Reich Christi machen. Er soll erwägen, daß der Sohn Gottes in die Welt kam, um die Menschheit zu erlösen und ihn einlädt, sich ihm engstens anzuschließen und an seinem Werk mitzuarbeiten. Dabei wird aber nicht nur die Herrlichkeit dieser Berufung gezeigt, sondern es wird ihm ebenso deutlich gemacht, daß er sich selbst vollkommen aufgeben muß, wenn er dieser Einladung folgen will. Dann folgen Betrachtungen über das Leben Jesu, angefangen von der Menschwerdung und Geburt bis zur Wiederauffindung im Tempel von Jerusalem, wo zum erstenmal seine Messiasberufung offenbar wird.

An dieser Stelle wird die Betrachtung von den »Zwei Fahnen» gemacht, der Fahne Christi und der des Widersachers. Durch diese Betrachtung soll der Übende die Gefahr der Täuschung erkennen, damit er sich bei seiner Wahl nicht irreführen lasse. Damit wird das Thema von der Unterscheidung der Geister angeschnitten, das während der Exerzitien immer wieder zur Sprache kommt. Die diesbezüglichen Regeln sind ein Wesensbestandteil der Exerzitien, sie sollen auch in dieser Arbeit besprochen werden.

Im Anschluß an die Betrachtung von den »Zwei Fahnen« wird die von den »Drei Menschenklassen« gemacht. Sie soll den Exerzitanten vor dem Irrtum bewahren, daß er meint, er habe alles getan, was er konnte, obwohl es nicht so ist. Es sind Erwägungen, die auch sonst im Leben zur Anwendung kommen können. Kurz gesagt geht es um folgendes: Gesetzt den Fall, daß jemand eine große Summe Geldes erworben hat auf eine Weise, die zwar juristisch nicht angreifbar und auch vor Gott nicht eigentlich sündhaft ist, aber doch nicht auf Gott gerichtet war. Der Betreffende fühlt sich nicht ruhig in seinem Gewissen und möchte den Frieden des Herzens wiederfinden.

In dieser Lage sind drei Verhaltensweisen möglich, wonach man drei Klassen von Menschen unterscheiden kann. Die erste wünscht zwar vor Gott und ihrem Gewissen beruhigt zu werden. Aber sie kann sich nicht dazu entschließen, irgend etwas in der Sache zu tun, da ihre Anhänglichkeit an das Geld zu stark ist, und sie tut auch schließlich nichts bis zum Ende des Lebens. Die zweite Klasse will die Anhänglichkeit aufgeben, aber so, daß sie zugleich im Besitz des erworbenen Gutes bleibt, »in der Weise, daß Gott dorthin kommen soll, wohin sie selbst will, und sie entschließt sich nicht dazu, die Sache aufzugeben, um zu Gott hinzugehen, auch wenn dies der bessere Stand für sie wäre« (Nr. 154). Die dritte und einzig richtige Klasse hat das Geld im Herzen schon fortgegeben und will weder dieses noch irgend etwas anderes in der Welt für sich nehmen, wenn es nicht so der Wille Gottes ist. Der Exerzitant sollte sich nun fragen, zu welcher der drei Klassen er gegenwärtig gehört in der Frage seiner Lebensentscheidung, die er getroffen hat oder zu treffen im Begriff steht.

Nun folgt eine weitere Erwägung, die helfen soll, die richtige Wahl zu treffen. Es sind die »Drei Grade der Demut«. Man könnte sie auch die »drei Grade der Liebe« nennen. Darüber soll der Exerzitant einen ganzen Tag nachdenken. Der erste Grad besteht darin, daß ein Mensch unter keinen Umständen etwas tun (bzw. unterlassen) will, wodurch er sich nach seinem Gewissen eine schwere Schuld aufladen würde, m. a. W. Gott in einer wichtigen Sache beleidigte. Und das, selbst wenn es ihn das Leben kostete oder er umgekehrt durch sein Verhalten alle Reichtümer der Welt erwerben könnte, wenn er gegen sein Gewissen handelte, z. B. wenn es sich darum handelte, einen unschuldigen Menschen zu töten.

Der zweite, nächst höhere Grad verlangt dasselbe Verhalten wie der erste, auch wenn es sich nur um eine weniger wichtige Sache handelte, obwohl es gegen sein Gewissen wäre, z. B. eine Notlüge. Eher würde er auf sein Leben verzichten, bzw. auf alle Reichtümer der Welt. Dies ist schon eine unerhörte Forderung und setzt voraus, daß er von jeder Anhänglichkeit frei ist. Mehr kann man von einem Menschen nicht verlangen.

Nun der dritte Grad. Für einen Christen gibt es noch ein Drittes, nämlich daß er ganz unabhängig davon, ob es an sich das Bessere ist oder nicht, lieber arm und verachtet sein möchte als reich und geehrt, aus dem einzigen Grunde, weil Christus, dem er sich angeschlossen hat, arm und verachtet war. Dieser Grad setzt immer den ersten und zweiten voraus. Er geht darüber hinaus,

denn bei dieser Wahl spricht nicht mehr der Verstand, sondern das Herz. Das Motiv ist hier das ganz persönliche Engagement für Christus. Dieser Grad bekommt in der folgenden dritten Woche eine starke Motivierung.
Nach den obigen Wahlbetrachtungen schließen sich weitere Betrachtungen über das Leben Jesu an. Sie enden mit dem Einzug Jesu in Jerusalem, bei dem er kurz vor seinem Leiden von einer großen Volksmenge als Messias begrüßt wurde.

Die dritte Woche

In dieser Woche soll die getroffene Wahl, Christus in möglichst vollkommener Weise nachzufolgen, befestigt werden. Dazu bietet das Leiden Christi, das nun betrachtet wird, womöglich noch stärkere Motive als die Betrachtung seines Lebens und Wirkens. Hier leuchtet das Beispiel Christi um so stärker auf, als die zu überwindenden Hindernisse größer sind. »Eine größere Liebe hat niemand als der, welcher sein Leben hingibt für seine Freunde« (Joh 15,13). Christus hätte dem Tode ausweichen können. Aber er wollte es nicht. Er mußte leiden und sterben, wie er selbst sagte. Weder vor dem jüdischen Gericht noch vor dem römischen Statthalter Pilatus hat er einen Versuch gemacht, freigesprochen zu werden oder auch nur eine Erleichterung zu erhalten. Selbst die Gelegenheit, die sich bot, als Pilatus vor den Juden unverhohlen erklärte: »Ich finde keine Schuld an ihm« (Joh 18,38 ff.), ließ er unbenutzt vorübergehen. Im Gegenteil, er sagte vor beiden Richtern furchtlos, was gesagt werden mußte, obwohl er voraussah, daß man seine Worte zum Anlaß nehmen würde, in Ermangelung glaubwürdiger Zeugen einen Grund für das Todesurteil zu finden. Ja, er warnte Pilatus und sagte: »Du hättest keine Gewalt über mich, wenn sie dir nicht von oben gegeben wäre« (Joh 19,11). Bei der Betrachtung dieser Umstände leuchten dem Exerzitanten unwillkürlich die Gedanken des dritten Grades der Demut auf, wo es heißt, daß man »je mehr danach verlange, für einfältig und töricht gehalten zu werden als für weise und klug in dieser Welt – um Christi willen, der zuerst als solcher angesehen wurde« (Nr. 167). Im übrigen soll sich der Betrachtende bewußt werden, daß er selbst auch Ursache der Schmach und des Leidens und Todes Christi ist. »Durch seine Wunden wurden wir geheilt«, wie der Prophet sagt (Jes 53,5).

Es fällt auf, daß Ignatius gerade bei diesen Betrachtungen betont, daß man mit Christus eins werden soll. Man soll nicht nur Mitleid wie mit einem anderen haben, sondern buchstäblich mitleiden. Ich soll bitten und mich bemühen um »Schmerz mit dem schmerzerfüllten Christus, Zerschlagenheit mit dem zerschlagenen Christus, Tränen, innerliche Pein über die große Pein, die Christus für mich gelitten hat« (Nr. 203). Da wird die diskursive Betrachtung zur Meditation oder Kontemplation. Sie ist passiv geworden. – Es gibt gewiß noch andere Gesichtspunkte, die bei der Betrachtung des Leidens sehr fruchtbar sein können. Wir beschränken uns auf einige Andeutungen. An erster Stelle könnte ein neues Motiv zur Meidung der Sünde genannt werden. Wenn Gottes Weisheit es für billig und recht erachtet hat, seinen eingeborenen Sohn so leiden zu lassen, um für die Sünden der Menschheit Genugtuung zu leisten, was muß da die Sünde in den Augen Gottes sein! Es erwächst aus diesen Betrachtungen vor allem ein neues Motiv zur Gottesliebe, weil das Leiden der größte Beweis für die Liebe Gottes zu uns ist und uns um so mehr zur Gegenliebe verpflichtet. Ferner ist es ein Motiv zur Hoffnung. In diesem Sinne sagt Augustinus: »Wer gegeben hat, was mehr ist, nämlich das Blut seines Eingeborenen, wird auch die ewige Glorie geben, die ohne Zweifel weniger ist.« Für die Nachfolge Christi bietet das Leiden Jesu die stärksten Motive, weil dort die Tugenden Demut, Geduld und Liebe um so heller leuchten.

Man wundert sich vielleicht, daß Ignatius diese Gesichtspunkte nicht erwähnt, obwohl sie auf den ersten Blick wichtiger und sozusagen praktischer zu sein scheinen als das Gefühl des Mitleids. Um das zu verstehen, müssen wir uns daran erinnern, daß Ignatius Mystiker war. Die soeben genannten Motive liegen auf der Ebene der verstandesmäßigen Überlegung. Das Einswerden mit Christus, wie es Ignatius meint, liegt auf einer tieferen

Ebene, wo nicht gedacht wird, sondern sich die Umwandlung im Grunde der Seele vollzieht, unmittelbar und zudem wirksamer als auf der verstandesmäßigen Ebene. Noch eine Perspektive möge hier kurz angedeutet werden: Wenn man die Exerzitien des heiligen Ignatius als einen Weg zur mystischen Einung sehen könnte – die Frage soll an dieser Stelle nicht besprochen werden –, so wäre die dritte Woche der Ort für den mystischen Tod.

Die vierte Woche

In der vierten Woche soll sich der Exerzitant auf die Auferstehung Christi und die darauf folgenden Erscheinungen bei seinen Freunden konzentrieren. Das ist ein totaler Umschwung gegenüber der dritten Woche, der übrigens gar nicht leicht zu vollziehen ist, wenn man diese Übungen ganz macht. Aber es gibt trotzdem Übereinstimmungen zwischen beiden Wochen, was die Art der Betrachtung betrifft. Denn auch in den Betrachtungen dieser Woche soll man sich eins fühlen mit Christus. Jetzt aber soll ich »um die Gnade bitten, mich intensiv zu freuen und fröhlich zu sein über die so große Herrlichkeit und Freude Christi unseres Herrn« (Nr. 221). Also auch hier geht es nicht mehr um verstandesmäßige Überlegungen. Die gewünschte Freude ist vollkommen selbstlos. Man könnte gewiß auch hier erwägen, daß wir gleichfalls zu dieser ganz ungetrübten und nie endenden Freude berufen sind, nachdem die Tage unserer irdischen Pilgerschaft abgelaufen sein werden. Ignatius spricht nicht davon. Trotzdem bleibt es dem Betrachtenden freigestellt, solche Überlegungen anzustellen, wenn es ihm gut scheint. Er kann auch aus ihnen gewiß viel gewinnen. Wo Ignatius davon spricht, daß man während des Tages an Dinge denken soll, die zur Freude stimmen, erwähnt er auch diese Gedanken.

In jüngster Zeit hat sich gerade im Verhältnis von Christi Tod und seiner Auferstehung die christliche Auffassung in etwa gewandelt. Dieser Wandel könnte auch für die Exerzitien fruchtbar gemacht werden. Es wird mehr als zuvor betont, daß zwischen

Tod und Auferstehung Christi ein sehr enger Zusammenhang besteht. Beide sind in eins zu sehen. Während man lange Zeit das Kreuz im Vordergrund stehend und dominierend gesehen hat, besteht jetzt die entgegengesetzte Tendenz. Der auferstandene Christus steht im Vordergrund, während das Kreuz in den Hintergrund gerückt wird. Man geht darin oft schon so weit, daß das Kreuz fast nur als zufällig und unwichtig angesehen wird. Das war von Ignatius bestimmt nicht so gedacht. Wir können selbstverständlich hier nicht auf diese Problematik eingehen. Aber was die vierte Woche in den Exerzitien betrifft, so war sie bei der früheren Setzung der Akzente oft schwierig, und es besteht kein Widerspruch zu Ignatius in dem Bemühen, neue Anregungen für diesen letzten Teil der Exerzitien auf Grund der neueren starken Betonung des auferstandenen Christus zu finden. Man sah bisher den Christus nach der Auferstehung allzu sehr in der Ferne und nur wie verhüllt, während der Auferstandene es ist, der immer unter uns lebt und für immer mit uns sein wird. Die Auferstehung Christi ist nicht nur ein Ereignis aus der Vergangenheit, sondern ein fundamentales Geheimnis des christlichen Glaubens, das Raum und Zeit transzendiert.

Trotzdem sollte auch in dieser Woche die praktische Seite nicht zu kurz kommen. Paulus mahnt immer wieder: »Wenn ihr also mit Christus auferstanden seid, so sucht, was droben ist« (Kol 3,1). Das heißt nun für den Exerzitanten, daß die getroffene Wahl auch im Leben durchgeführt werden muß. In diesem Sinne ist auch die vierte Woche ein Schritt weiter auf dem Wege zur Vollkommenheit. Im Blick auf das letzte Ziel verblassen die vergänglichen Dinge. Da ist der Verzicht auf sie kein Opfer mehr, da man ein höheres Glück im Geistigen gefunden hat.

Die vierte Woche und damit die ganzen Exerzitien finden ihren Abschluß in der »Betrachtung zur Erlangung der Liebe«. Dafür werden zunächst zwei Dinge zu beachten gegeben. »Das erste ist, daß die Liebe mehr in die Werke als in die Worte gelegt werden muß. Das zweite: Die Liebe besteht in der Mitteilung von beiden Seiten her; das heißt, daß der Liebende dem Geliebten gibt und mitteilt, was er hat, oder von dem, was er hat oder kann, und als

Erwiderung ebenso der Geliebte dem Liebenden« (Nr. 230f.). Nach diesen Gesichtspunkten soll man die Wohltaten Gottes, welcher Art sie auch sein mögen, nach vier verschiedenen Richtungen durchgehen und erwägen: was sie in sich sind; wie Gott in ihnen stets gegenwärtig ist; wie er darin stets wirkend ist; wie sich Gott in seinen Wohltaten selbst uns mitteilt. Aber nachdem Ignatius diese Anweisungen gegeben hat, fügt er bezeichnend hinzu: »oder auf eine andere Weise, wenn ich diese als die bessere spüre« (Nr. 235). Jedenfalls soll man seine vollkommene Hingabe zum Ausdruck bringen etwa in folgenden Worten: »Nimm hin, Herr, und empfange meine ganze Freiheit, mein Gedächtnis, meinen Verstand und meinen ganzen Willen, meine ganze Habe und meinen Besitz; Du hast es mir gegeben, Dir, Herr, gebe ich es zurück; alles ist Dein, verfüge nach Deinem ganzen Willen; gib mir Deine Liebe und Gnade, das ist mir genug« (Nr. 234).

Zum Vollzug der Geistlichen Übungen

Dazu sind drei Elemente wesentlich. Erstens, die Betrachtungen; zweitens, richtiges Verhalten zu den übrigen Zeiten; drittens, die Leitung durch den Exerzitienmeister. Predigten und Vorträge passen nicht in den Rahmen der Exerzitien, wie sie Ignatius gemeint hat. Freilich hat man im Laufe der Zeit manche Gedanken aus den Exerzitien für Predigten benutzt. Da wären besonders die sogenannten Volksmissionen zu nennen, die für große Massen gehalten wurden. Die Themen der Predigten, wie das Ziel des Menschen, die vier letzten Dinge, Christus und die Kirche wurden jedoch auch schon vor der Zeit des Ignatius in Predigten vor großen Mengen ausgewertet. Aber die Volksmissionen, wie sie bis in die jüngste Zeit von den Jesuiten gehalten wurden, erinnern lebhaft an die Exerzitien, freilich mit dem Hauptakzent auf der ersten Woche. Doch davon soll jetzt keine Rede sein.

Anders ist es mit Veranstaltungen für kleinere Gruppen, die als

Exerzitien bezeichnet wurden und es auch sein wollten, wo jedoch vor allem Vorträge gehalten wurden und im Anschluß nur einige Minuten oder gar nicht betrachtet wurde. Sie haben den Teilnehmern ohne Zweifel viel für ihr religiöses Leben gegeben, kommen jedoch für einen Vergleich mit den Zenübungen nicht in Frage. Dafür müssen wir uns an die Exerzitien halten, wie sie Ignatius gemeint hat.

Bei den Exerzitien in ihrer Vollgestalt sollen täglich fünf Betrachtungen von mindestens je einer vollen Stunde gemacht werden. Die Zeiten dafür sind so festgelegt, daß die erste zu Mitternacht beginnt, die zweite am Morgen, die dritte am Vormittag, die vierte am Nachmittag und die fünfte am Abend gehalten wird. Wenn besondere Gründe vorliegen, kann die erste auch während des Tages gehalten werden. Bisweilen, besonders in der vierten Woche, wenn der Exerzitant schon ermüdet ist, darf man sich auch auf vier Meditationen am Tage beschränken. Aber auch dann sollten alle Betrachtungen je eine volle Stunde dauern. Vor jeder Betrachtung soll der Exerzitienmeister den Gegenstand der Betrachtung einfach und kurz erklären. Nach der Betrachtung soll man jeweils etwa eine Viertelstunde einen Rückblick halten und sich fragen, wie es einem dabei ging und welche Erkenntnisse oder Erfahrungen man dabei gemacht hat. Das hat unter anderem auch den Zweck, im Laufe der Zeit besser meditieren zu lernen. Jede Betrachtung nimmt also mit Einschluß der Vorbereitung und des Rückblicks etwa eine und eine halbe Stunde in Anspruch, also bei fünf Betrachtungen circa acht Stunden, was immerhin ein beträchtlicher Teil des Tages ist. Dazu kommen die Eucharistiefeier, zweimalige Gewissenserforschung und zur Zeit des Ignatius noch die Vesper und vielleicht weitere Tagzeiten des Stundengebets. Während der Mahlzeiten wird gewöhnlich eine geistliche Lesung gehalten. Persönliche Aussprachen mit dem Exerzitienmeister finden während der übrigen, noch freien Tage statt.

Für das Verhalten während des ganzen Tages werden in den erwähnten Vorbemerkungen Anweisungen gegeben. Dazu kommen noch »Zusätze«, die an verschiedenen Stellen nach Bedarf eingefügt sind. Auf Einzelheiten kommen wir zu sprechen, wenn wir die Geistlichen Übungen mit dem Zen vergleichen. Nur zwei grundsätzliche Vorschriften sollen schon jetzt erwähnt werden. Die erste betrifft das Stillschweigen. Die zweite verlangt, daß die innere Haltung des Exerzitanten auf die Exerzitien allgemein und auf das Thema des Tages bzw. der jeweiligen Betrachtung abgestimmt ist.

Die Leitung durch den Exerzitienmeister ist durchaus vorgesehen, wenigstens für jene, die noch nicht genügend Erfahrung im geistlichen Leben haben. Der Exerzitienmeister soll beständig über den Zustand des Exerzitanten auf dem Laufenden sein und ihn daher täglich wenigstens einmal besuchen und ihn fragen, wie es ihm mit den Übungen geht und was damit zusammenhängt, damit er ihm in seinem Bemühen jederzeit helfen kann. Über die Führung in verschiedenen Situationen sind in den Vorbemerkungen Anweisungen gegeben. Auf Einzelheiten kommen wir später zu sprechen.

Das Zen

Es dürfte aus dem Gesagten hervorgehen, daß die Ignatianischen Exerzitien nicht nur, geschweige denn in erster Linie bezwecken, Anweisungen über Betrachtung oder Meditation zu geben. Die Betrachtungen sind nur ein, wenn auch wesentlicher Teil dieser Übungen. Darum ist es auch nicht in erster Linie unsere Absicht, die von Ignatius angegebenen Betrachtungsweisen mit der Zenmeditation (Zazen) zu vergleichen. Das Vergleichsobjekt sind vielmehr die Zenkurse, »Sesshin« genannt, d. h. Übungen, die mehrere Tage fortdauern und meistens in Gruppen gehalten werden. Sesshin bedeutet übrigens etwa »Herzenssammlung«. Dabei ist natürlich auch die Meditationsweise ein wichtiges Vergleichsobjekt.
Zazen (Zenmeditation) besteht bekanntlich erstens in einer bestimmten Körperhaltung, Lotussitz genannt, zweitens, in einer entsprechenden Atmungsweise, der Zwerchfellatmung, drittens in der inneren Haltung, bei der es kein Thema gibt, über das meditiert wird. Auf Einzelheiten werden wir noch einmal eingehen, wenn wir den Vergleich mit den Meditationsweisen der Geistlichen Übungen anstellen.
Die Struktur eines Sesshin (Zenkurs) ist bald beschrieben, weil es in ihm kein Thema gibt, das im Verlaufe des Kurses immer wieder gewechselt wird. In dieser Beziehung ist ein Tag wie der andere. Aus demselben Grunde ist auch die Zahl der Tage oder Wochen nicht festgelegt. In den Zenklöstern sind es meistens sieben Tage. Auch die Dauer der einzelnen Meditationen ist nicht immer die gleiche. Sie richtet sich unter anderem nach der Gewohnheit der einzelnen Klöster. Durchschnittlich sind es etwa 30 bis 40 Minuten. Jedoch folgen meistens mehrere Meditationen dicht aufeinander mit einem Intervall, das ganz oder zum Teil durch meditatives Gehen ausgefüllt ist. Da es kein Betrachtungsobjekt gibt, ist weder für dessen Erklärung noch für den Rück-

blick Zeit vorgesehen. Durchschnittlich werden zehn Meditationen täglich gehalten, vorausgesetzt daß die Dauer der Meditationen den obigen Angaben entspricht. Einmal täglich hält der Zenmeister eine Ansprache (Teishō) von 40 bis 50 Minuten. Doch hat auch sie nicht den Zweck, Stoff zum Nachdenken zu geben. Der Inhalt ist gewöhnlich ein Text aus einer Kōansammlung. Unter einem »Kōan« versteht man ein Problem, das keine verstandesmäßige Lösung zuläßt. Es ist wie ein Paradox, z. B. »Höre die Stimme der einen Hand!«. Der Form nach ist es oft eine Episode aus dem Leben eines berühmten Meisters, wobei dieser ein Gespräch mit seinem Schüler führt. Jedoch scheint es oft so, als ob Frage und Antwort keine Beziehung zueinander hätten. Die Wahl der Texte ist so getroffen, weil sie dem Schüler helfen sollen, über das diskursive Denken hinauszukommen und das Auge der Intuition zu öffnen, worauf allein es beim Zen ankommt. So erklärt sich, daß einem Schüler bisweilen während dieser Ansprache die Erleuchtung kommt, während sie ihm in der Meditation nicht zuteil wurde. Man versteht auch, daß die tägliche Ansprache des Meisters als integraler Teil des Sesshin gilt. Zu den Meditationen und der Ansprache kommt noch die Rezitation der Sutras, eine Art Gottesdienst, die an das christliche Chorgebet erinnert. Diese religiöse Übung wird zweimal täglich gehalten, morgens etwa 40 Minuten und abends ungefähr 10 Minuten.

Die Einzelleitung (Dokusan), die im Zen bekanntlich von großer Bedeutung ist, geschieht nicht in den freien Zeiten, sondern während der Meditation. Zu ihr wird täglich drei- bis viermal Gelegenheit gegeben. Trotz der uralten Tradition der Einzelleitung wird sie nicht in allen Zenschulen in gleicher Weise durchgeführt. Wie in manchen anderen Dingen besteht auch in dieser Hinsicht ein erheblicher Unterschied zwischen Rinzai und Soto, den beiden Hauptsekten, die in Japan heute noch tätig sind. Während Rinzai die Einzelleitung streng durchführt, bleibt sie bei Soto dem Belieben des einzelnen überlassen. – Während des ganzen Sesshin ist Tag und Nacht strengstes Stillschweigen vorgeschrieben. Man soll sich beständig auf das Sesshin konzentrieren und sogar die übrigbleibende freie Zeit womöglich zum Meditieren benutzen. Wie gesagt, es wird kein Thema für die Meditation gegeben. Das bedarf wohl einer Erklärung. Wie soll man sich das vorstellen? Wie soll man sich konkret verhalten? Man soll weder von sich aus einen Gedanken aufgreifen noch sich um die Gedanken kümmern, die von selbst kommen. Aber man soll sie auch nicht forttreiben. Der Bewußtseinszustand während des Zazen ist aber trotzdem gänzlich verschieden vom Dösen. Dösen – das hieße Kuhmist kneten, wie ein Zenmeister es ausdrückte. Es ist im Gegenteil ein hellwacher Zustand. Da es jedoch für Anfänger schwierig ist, da hineinzukommen, wird angeraten, sich auf den Atem zu konzentrieren, sei es, daß man den Atem zählt oder, ohne zu zählen, dem Atem im Geiste folgt. Oder aber man konzentriert sich auf ein Kōan, wovon schon die Rede war. Es gibt also zwei Möglichkeiten für die innere Einstellung während des Zazen. Wenn man weder die eine noch die andere benutzt und sich darauf beschränkt, sich auf keinen Gedanken einzulassen, der da kommen mag, so nennt man das ›Nur-Sitzen‹ (Shikantaza). Das ist die dritte Möglichkeit, die man wohl mit Recht als das eigentliche Zazen bezeichnet hat. Aber darüber sind sich die Schulen nicht einig. Damit wäre das Allerwesentlichste über den Vollzug der Zenmeditation und den Verlauf der Zenkurse (Sesshin) gesagt. Nun wäre zu fragen: Was wird damit bezweckt, was kann man durch diese Übungen erreichen?

Die Wirkungen des Zazen lassen sich hier noch einmal zusammenfassend in drei Gruppen zusammenstellen. Zunächst einmal gibt es gewisse Kräfte, die einem durch diese Meditationsweise zuwachsen. Sie können körperlicher oder geistiger Art sein. Zen strebt heute fast nur die letzteren an, womit aber nicht in Abrede gestellt werden soll, daß das Zen auch auf den Körper eine gute Wirkung haben kann. Daß die Gesundheit dadurch gefördert wird, ist allgemein bekannt, desgleichen, daß die Zenmeister oft ein hohes Alter erreichen. Mit den geistigen Kräften ist die Fähigkeit gemeint, die Zerstreuungen des Geistes abzustellen und seelisches Gleichgewicht und Ruhe herzustellen. Das bedeu-

tet praktisch einen Zuwachs an Konzentrationskraft, Selbstbeherrschung und Gleichmut auch in schwierigen und unangenehmen Situationen. Doch darf man das nicht mit Quietismus verwechseln. Zen tötet die Gefühle nicht, sondern verstärkt sie. Hat es doch eine eigene Kunst hervorgebracht. Es ist auch eine Erfahrungstatsache, daß man durch Zazen in seinem Beruf ertüchtigt wird.
Die zweite Wirkung des Zazen ist ein Zuwachs an Intuition im Sinne von Einsicht. Es ist die Fähigkeit, die in den Inspirationen und in der Kunst wirksam ist und vor allem die religiösen Erfahrungen in der Mystik ermöglicht und daher auch für die dritte Wirkung des Zazen, die Erleuchtung, notwendig ist. Was die Erleuchtung selbst ist, läßt sich durch Worte allein nicht unzweideutig zum Ausdruck bringen. Bisweilen wird es als unmittelbare Selbsterfahrung bezeichnet. Buddhistisch gesagt ist es das Bewußtwerden der Buddha-Natur. Christlich gesehen ist es im Wesen eine Gotteserfahrung, wenn auch unpersönlicher Art. Doch können wir hier zu dieser Frage nicht näher Stellung nehmen.

Unterschiede

Zweck und Art der Meditation - Wiederholungsfrage

Der Zweck ist verschieden. Bei den Exerzitien ist es die Berufswahl oder eine Neuorientierung in dem bereits erwählten Beruf. Zweck der Zenübungen und besonders des Sesshin ist die Erleuchtung, also eine mystische Erfahrung, Bewußtwerden der Buddha-Natur, d. h. der Einheit mit dem absoluten Sein. Die Exerzitien haben nicht den Zweck, zu einer mystischen Erfahrung im engeren Sinne zu führen. Ein solches Ergebnis ist dabei nicht ausgeschlossen. Diese Möglichkeit wird sogar bei der Besprechung der Wahlzeiten ausdrücklich angeführt. Ein weiterer Unterschied besteht darin, daß bei den Ignatianischen Exerzitien die Beziehung zum Heil des Mitmenschen ausdrücklich mit hineingenommen wird. Gewiß wirken sich die Zenübungen und insbesondere die Erleuchtung auch, und zwar sehr stark, auf die Beziehung zum anderen aus. Die Zenübenden wissen das und bejahen es. Aber methodisch und ausdrücklich ist der Weg zur Erleuchtung nicht darauf ausgerichtet.

Es bestehen Unterschiede in der Art und Weise der Betrachtung bzw. der Meditation. Dieser Unterschied fällt einem Christen, der dem Zen begegnet, zuerst auf, er geht schon zur Genüge aus der gegebenen Beschreibung hervor. Es ist vor allem die Tatsache, daß es bei der Zenmeditation kein Thema gibt. Das Denken wird von Anfang an ausgeschaltet. Wohl finden wir auch bei Ignatius eine Tendenz zur Einfachheit in der Art der Betrachtung. Aber es wird doch bis zum Schluß für jede Betrachtung ein Thema gegeben. Bei den Exerzitien soll überdies auch tagsüber das Thema im Sinn behalten werden, oder man soll wenigstens darauf eingestimmt bleiben, z. B. in einem Gefühl der Reue in der ersten Woche oder des Mitleids mit Christus in der dritten Woche. Dagegen soll man während des Sesshin im Zen das

Nichtdenken beständig beibehalten und sich keinerlei Gefühlen gewollt hingeben. Die Übung mit einem Kōan scheint dem zwar zu widersprechen. Aber ein Kōan ist kein Gegenstand, über den man nachdenken soll, sondern ein Mittel zur Entleerung des Bewußtseins. Zu dem Unterschied Denken – Nichtdenken kommt noch ein anderer, nämlich im Bereich der Phantasie. In den Exerzitien wird viel mit der Phantasie gearbeitet – was übrigens für manche Menschen eine Schwierigkeit bietet. Bei allen Betrachtungen soll man sich irgend etwas vorstellen, z. B. den Ort, an dem sich das zu betrachtende Geheimnis vollzogen hat, und zwar möglichst konkret, z. B. den Stall von Bethlehem. Beim Zazen dagegen müssen alle Bilder verschwinden. Dort begegnen wir dem Entbildert-Werden der christlichen Mystiker.

Andererseits gibt es auch im Christentum Meditations- oder Gebetsweisen, bei denen man nicht willentlich denkt, sondern sich passiv verhält, z. B. das Gebet der Sammlung oder der Ruhe. Es wird nichts getan, man läßt etwas geschehen. Das ist Meditation im eigentlichen Sinne, wie man es heute im Hinblick auf die östlichen Methoden meint. Sie wird auch in den Exerzitien nicht ausgeschlossen. Auch dort gibt es ein mehr oder weniger passives Verhalten. Ein Beispiel wurde schon erwähnt. Aber im allgemeinen könnte man, was die Art der Betrachtung bzw. Meditation betrifft, in einem richtigen Sinne sagen: Wo die Exerzitien aufhören, fängt das Zazen an. Es ist doch bezeichnend, daß Ignatius erst bei der Schlußbetrachtung – über die Gottesliebe – ausdrücklich sagt, man dürfe auch eine andere, vielleicht bessere Art als die von ihm angegebene wählen. Freilich wäre Ignatius in seinen Worten vielleicht weniger zurückhaltend gewesen, wenn er nicht die unangenehmen Erfahrungen mit der Inquisition gehabt hätte. Es ist daher auch möglich, daß jemand, der die Exerzitien zu wiederholten Malen macht, das Denken mehr und mehr zurückstellt und sich allmählich passiv verhält.

Aber im Anfang ist das in den Exerzitien nicht der Fall.

Dann ist da ein Punkt, in dem die beiden Wege voneinander

verschieden sind: Inwieweit ist es anzuraten, die Exerzitien bzw. die Zen-Sesshin zu wiederholen? Wer die Ignatianischen Exerzitien so, wie sie ursprünglich gemeint sind, einmal gemacht und sich dabei endgültig für den Ordensstand entschieden hat, kann sie sinnvoll nicht so wiederholen. Die Betrachtungen über das Leben und Leiden Christi und manche andere kann man natürlich mit Frucht immer wieder machen. Das gilt jedoch nicht in gleicher Weise für die Wahlbetrachtungen. Denn die Wahl ist entschieden. Wohl kann man die dort vorgelegten Gedanken zur Festigung im Beruf mit Nutzen erneut erwägen.
Im Zen liegt die Sache anders. Selbst wenn einer die Erleuchtung erlangt hat, kann er und soll er die Übungen fortsetzen, und zwar genau so, wie er sie bisher gemacht hat. Denn die Erleuchtung ist auf diesem Wege nur ein Anfang. Sie ist kein Entschluß, sondern ein Sich-Öffnen oder ein intuitives Erfassen der letzten Wirklichkeit. Aber sie muß noch ausgewertet werden. Der Mensch muß umgewandelt werden, bis alle Gedanken, Worte und Werke unmittelbar von der letzten Wirklichkeit her bestimmt werden. Bei diesem Bemühen aber ändert sich das Zazen überhaupt nicht. Auch in den Sesshin tritt keine wesentliche Änderung ein. Man könnte sich den Unterschied zwischen beiden Wegen so vorstellen: Bei den *Exerzitien* zum Zwecke der Berufswahl geht es um eine *horizontale* Bewegung auf ein bestimmtes Ziel hin. Wenn dieses erreicht ist, soll man natürlich sein Leben entsprechend umstellen, und diese Umstellung soll auch beständig vollkommener werden. Aber es ist dann doch nicht mehr wie vorher, als man das Ziel noch nicht erkannt hatte. Dagegen muß man sich beim *Zen* die Bewegung von vornherein *vertikal* vorstellen. Sie geht in den Seelengrund, tiefer und tiefer. Dabei gibt es keine Grenzen. Dort gibt es keine Gedanken, sondern es herrscht das Schweigen, das immer vollkommener wird. Daher wird man auch kaum jemandem raten, die Exerzitien etwa jeden Monat oder noch öfter zu machen. Das ist jedoch bei den Zenübungen auch als Sesshin ganz normal und geschieht in vielen Zenklöstern. Im koreanischen Zen hält man Sesshin von drei Monaten, wobei fast ohne Unterbrechung meditiert wird. Doch wäre es ein Irrtum, zu

meinen, daß die Zenübungen keine Beziehung zum täglichen Leben hätten; das Gegenteil geht schon aus den oben genannten Wirkungen hervor. Wenn die Zenmeister immer wieder mahnen, das Zazen nach der Erleuchtung nicht aufzugeben, so geschieht das auch mit Rücksicht auf den Mitmenschen.

Richtlinien für den Meister

Es bestehen Unterschiede in der persönlichen Führung bei den Exerzitien und beim Zen. Die Führung in den Exerzitien steht in engster Beziehung zu der Unterscheidung der Geister. Die Regeln, die Ignatius dafür zusammengestellt hat, sind in erster Linie für »den, der die Exerzitien gibt«, wie Ignatius sich ausdrückt. Wir möchten uns jedoch an dieser Stelle auf einige prinzipielle Punkte beschränken und später eigens und ausführlicher über diese Regeln sprechen. Auch im Zen gib es Richtlinien für den Meister, die auf Tradition und Erfahrung beruhen. Trotzdem ist die Situation verschieden, schon allein deshalb, weil die Weltanschauung eine andere ist. Wir dürfen uns deswegen nicht zu sehr an die Worte halten, sondern müssen auf den Sinn zurückgehen, der den Worten zugrundeliegt. Wenn wir »Unterscheidung der Geister« im Sinne von Unterscheidung zwischen richtig und falsch, vorteilhaft und schädlich oder gefährlich nehmen, so ist die »Diskretion« auch bei den Zenübungen wichtig. Um ein guter Zenmeister zu sein, muß man vor allem die Gabe der Unterscheidung haben. Aber es gibt doch Unterschiede in der Führung, ebenfalls im Zweck und Gegenstand der Unterscheidung.

Bei Ignatius liegt die Vorstellung zugrunde, daß sowohl Gott als auch der böse Feind – Satan – um jede Seele ringen. Satan sucht zu verhindern, daß die Seele zu Gott kommt, und falls sie bereits auf dem Wege zu ihm ist, sucht er sie davon abzubringen. Nun ist es freilich wahr, daß auch den Buddhisten eine solche Vorstellung nicht einfach fremd ist. Es wird schon von Buddha erzählt, daß er vom Teufel versucht wurde. Ferner spricht man im Zen auch heute noch viel von ›Makyō‹, was wörtlich »Geisterwelt« heißt. Damit sind Visionen und andere Phänomene gemeint, die während des Zazen auftreten und die Meditierenden irreführen können. Trotzdem ist die Handhabung solcher Probleme doch in mancher Beziehung verschieden. Wenn sich z. B. in den Exerzitien jemand angetrieben fühlt, schwere Bußwerke zu tun, zu fasten und Nachtwachen zu halten, so muß der Exerzitienmeister zusehen, ob dieses Verlangen von Gott eingegeben ist oder etwa von einem dem Exerzitanten vielleicht unbewußten Verlangen nach Anerkennung. Wenn der Übende glaubt, eine Vision gehabt zu haben, dann geht es darum, zu entscheiden, ob diese (vermeintliche[?]) Vision von Gott (wenigstens indirekt) kommt oder ob sie ein reines Phantasiegebilde ist. Beim Zen dagegen gilt immer die Regel, daß sich der Schüler auf keinerlei Regung oder Phänomen einlassen darf. Er soll auch nicht versuchen, herauszufinden, woher sie kommen. Im Zen wird diesem Problem sozusagen die Spitze abgebrochen. Denn was auch immer der Ursprung dieser Phänomene sein mag, sie werden zum Hindernis der Erleuchtung, wenn man sich darauf einläßt. In diesem Sinne also bedarf es im Zen keiner Unterscheidung der Geister. Wohl aber ist die Unterscheidung notwendig zwischen dem, was mit Rücksicht auf das Ziel des Zen frommt, und dem, was hindert. Dafür ist der Zenmeister da, und von seinen Schülern wird unbedingter Gehorsam gefordert. Es ist keine Übertreibung, zu sagen, daß die Zenmeister eine erstaunliche Kenntnis der menschlichen Seele entwickelt haben. Mit großer Sicherheit und Geschicklichkeit leiten sie ihre Schüler an den Klippen des geistlichen Lebens vorbei, die doch wiederum zum größten Teil dieselben sind wie in der christlichen Spiritualität. Das fällt jedem auf, der die letztere kennt und von dort her dem Zen begegnet.

Wenn es sich jedoch um eine Erfahrung handelt, die möglicherweise eine Erleuchtung ist oder von der der Schüler meint, daß es so sei, dann muß der Meister die Sache prüfen. Selbst wenn er dem Schüler das Ergebnis nicht gleich mitteilt, muß er sich ein Urteil bilden, da er den Schüler entsprechend leiten muß. Da das oft schwierig ist, hat man im Zen ein System zur Prüfung der Erleuchtung erfunden, dessen Handhabung allerdings viel Erfahrung voraussetzt. In dieser Beziehung besteht ein großer Unterschied gegenüber der christlichen Seelenführung. Dort gibt es kein System für die unmittelbare Prüfung der Echtheit einer mystischen Erfahrung, was der Parallelfall wäre. Hier kommt es einzig darauf an, wie sich die Erfahrung im Leben auswirkt. Wenn der Exerzitant zunimmt an echter Tugend, besonders an Demut und Nächstenliebe, so gilt das als das beste Zeichen, wenn auch nicht als strikter Beweis für die Echtheit der Erfahrung. In der christlichen Erfahrung wird eine solche Feststellung auch gar nicht als notwendig erachtet. Zur Sprache kommt diese Frage allenfalls bei Untersuchungen im Zusammenhang mit der Seligsprechung eines im Rufe der Heiligkeit verstorbenen Menschen. Freilich ist für die letzte Entscheidung in einem solchen Prozeß die Tatsache mystischer Erfahrungen des Betreffenden nicht unbedingte Voraussetzung.

Nach dem Gesagten könnte man vielleicht meinen, daß die Führung im Zen, abgesehen von der Prüfung einer Erleuchtung, höchst einfach und nicht einmal notwendig sei. Das wäre jedoch ein großer Irrtum. Denn die Einstellung, sich auf nichts einzulassen, immer aufrechtzuerhalten ist keine leichte Sache. Immer wieder gleitet der Schüler vom Wege ab und merkt es vielleicht gar nicht. Da muß der Meister immer wieder eingreifen und korrigieren. Aber es kommt noch etwas hinzu, was vielleicht sogar noch wichtiger ist. Der Meister kann nämlich durch geschickte Führung den Schüler viel schneller zur Erleuchtung bringen, als es sonst möglich wäre. In vielen Fällen käme der Schüler niemals dazu, wenn er ganz auf sich selbst angewiesen wäre.

Nun bleibt noch auf einen anderen Unterschied hinzuweisen, der vielleicht der wichtigste ist, was die Führung durch den Zenmeister anbelangt. Er ergibt sich aus der Tatsache, daß *Zen eine Initiation* darstellt. Das soll heißen: Der Meister soll dem Schüler dazu verhelfen, sich eines ganz anderen, unsichtbaren und ewigen Seins oder Lebens bewußt zu werden, das ihm normalerweise nicht bewußt ist. In der christlichen Spiritualität würde die Parallele darin bestehen, daß der Seelenführer den Exerzitanten zur mystischen Erfahrung zu führen hätte. Das aber ist nicht der Zweck der Geistlichen Übungen. Daraus folgt aber notwendigerweise, daß das Verhältnis von Meister und Schüler ein anderes ist. Das ersieht man schon aus der »Vorbemerkung«, die unmittelbar vor der ersten Woche gemacht wird. »Damit sowohl der, welcher die geistlichen Übungen gibt, wie der, welcher sie macht, sich gegenseitig mehr helfen und nützen, müssen sie voraussetzen, daß jeder gute Christ mehr dazu bereit sein muß, die Aussage des Nächsten für glaubwürdig zu halten, als sie zu verurteilen. Vermag er sie nicht zu rechtfertigen, so forsche er nach, wie jener sie versteht; versteht jener sie aber in üblem Sinn, so verbessere er ihn mit Liebe; und wenn das nicht genügt, so suche er nach allen angemessenen Mitteln, damit jener zu ihrem richtigen Verständnis gelange und so sich rette« (Nr. 22). Was im ersten Satz gesagt wird, gilt grundsätzlich auch im Zen. Wenn jedoch der Schüler einen Meister gefunden hat und von diesem angenommen ist, dann muß er ihm bedingungslos folgen. Denn es geht ja darum, sich einer Dimension bewußt zu werden, die er noch nicht kennt und die sich durch ein Gespräch nicht erklären läßt. Denn wenn das möglich wäre, so hieße das dieselbe in jene Dimensionen, die dem Schüler bereits bewußt sind, zu integrieren, was offenbar ein Widerspruch ist. Diese Art der Führung fordert vom Meister eine außergewöhnliche Intuition und vom Schüler ein unbegrenztes Vertrauen. Man versteht, daß der Meister, um seine Aufgabe zu erfüllen, selbst die Erleuchtung haben muß. Über diese Art der Führung wäre natürlich noch manches zu sagen. Aber es kommt uns zunächst darauf an, die Unterschiede zwischen beiden Wegen festzustellen.

Persönliches Engagement – Passivität

Es besteht ein maßgebender Unterschied insofern, als die Exerzitien zu einem persönlichen Engagement mit Christus führen. Das ist echt christlich und überdies in einem gewissen Sinne spezifisch ignatianisch. Dabei ist nicht nur Christus als der Logos oder der auferstandene Christus gemeint, sondern auch der historische Jesus von Nazaret. Das ist bei Ignatius von der ersten bis zur vierten Woche unzweifelhaft klar. Jesus ist für Ignatius nicht nur eine Person, die vor zweitausend Jahren gelebt hat und die nur noch in der Erinnerung fortbesteht. Im dritten Grad der Demut wird dieses Engagement bis zur »heiligen Torheit« vorangetrieben. – Selbstverständlich wird niemand den Christusgedanken im Zen suchen. Aber man könnte fragen, ob Buddha in ähnlicher Weise im Mittelpunkt eines Sesshin steht. Aber auch das ist nicht der Fall. Im Gegenteil, der Altmeister Rinzai sagt: »Wenn dir der Buddha begegnet, so töte den Buddha!«, und ferner: »Wenn dir deine Ahnen begegnen, oder Vater und Mutter, so töte sie«, usf. Das soll heißen: Man darf im Zen an keinem, auch nicht am besten Gedanken haften bleiben. Aus dem Gesagten dürfte das auch ohne weitere Erklärung verständlich sein. Damit ist nicht ausgeschlossen, daß ein Zenmeister im übrigen eine große Verehrung für Buddha hat, was sogar das Normale ist. Trotzdem würde uns eine ähnliche Sprechweise wie die Rinzais im christlichen Bereich wie Blasphemie vorkommen. Und doch ist man versucht, in diesem Zusammenhang Meister Eckhart zu zitieren, der sagt, man müsse Gott um Gottes willen lassen, d. h.: Wenn man Gott erkennen will, wie er wirklich ist, so muß man sich zuerst von allen Begriffen freimachen. Denn Gott ist in Wahrheit überbegrifflich. Allerdings kommt bei Eckhart noch seine besondere Auffassung von dem Verhältnis zwischen den göttlichen Personen und dem Wesen Gottes hinzu, worauf wir nicht eingehen können. Bezüglich des Zen wäre noch zu sagen, daß die Sache ein anderes Gesicht bekommt, wenn man Buddha als etwas Überpersönliches, als die »Buddhanatur«, nimmt, die ja be-

kanntlich im Zen eine wesentliche Rolle einnimmt. Während des Zazen soll aber auch an sie nicht gedacht werden.
Es gibt noch andere Verschiedenheiten, die sich aus der obigen Darstellung der beiden Wege von selbst ergeben, und die wir daher nur der Vollständigkeit halber kurz erwähnen möchten. Im Zazen gibt es, wie gesagt, kein Thema. Aber es sollen auch keine Erwägungen angestellt werden, wie das z. B. bei Ignatius in den auf die Meditationen folgenden Zwiegesprächen geschieht. Das heißt freilich nicht, daß während der Meditation im Zen nichts geschieht. Es geschieht sogar sehr viel, das sich auch auf das tägliche Leben und die Beziehung zum Mitmenschen ohne weiteres auswirkt.
Bei den Exerzitien hören wir immer wieder von Gebet. Je nach dem Inhalt der Betrachtung wird vorher um eine bestimmte Erkenntnis oder/und die Kraft gebetet, das Erkannte auszuführen. Gebet in dieser Form würde differenziertes Denken erfordern und paßt daher nicht in den Rahmen der Zenkurse. Das Zazen hat keinen Inhalt. Es ist von vornherein Versenkungsweg, der in gerader Linie und ohne Abschweifungen zum Wesen des Menschen führen soll. Das Ich muß so passiv werden, als ob es nicht mehr da wäre. Es soll daher weder über Gut noch über Böse noch über Buddha gedacht werden.
Dazu kommt noch etwas anderes, das wenigstens für das japanische Zen gilt, wenn auch nicht in allen Zenhallen im gleichen Maße. Es ist die Atmosphäre der Strenge, die dort herrscht. Wer etwas falsch macht, wird nicht immer freundlich gemahnt, sondern korrigiert, manchmal hart gescholten oder sogar an den Schultermuskeln (Aku-Punkte) zum Wachwerden geschlagen. Leisetreten gibt es nicht. Widerworte werden schon gar nicht geduldet. Ein freundliches Wort hört man kaum. Der Anfänger bekommt leicht den Eindruck, daß es in der Zenhalle keine Güte und Liebe gebe. Dazu muß er große Schmerzen ertragen und darf sich nicht bewegen, bis die Zeit der Meditation abgelaufen ist, so daß ihm manchmal der Schweiß ausbricht. Andererseits werden keinerlei Härten im Sinne von Bußen auferlegt, wovon in den Ignatianischen Exerzitien oft die Rede ist. Man kann Zweifel

daran hegen, ob es der Sache wirklich nützt, wenn die Strenge bis zu diesem Grade durchgeführt wird. Andererseits wird selbst ein Europäer, der das zum erstenmal mitmacht, unter der harten Schale bald einen süßen Kern entdecken. Er wird ein aufrichtiges und verständnisvolles Bemühen zu helfen finden, das nicht geringer, bisweilen sogar noch größer ist als in christlichen Kommunitäten.

Übereinstimmungen

Im äußeren Verlauf

Trotz aller Unterschiede gibt es doch auch viele Übereinstimmungen oder Ähnlichkeiten zwischen den Ignatianischen Exerzitien und dem Zen, speziell den Zenkursen. Freilich müssen wir die anfangs gemachte Einschränkung wiederholen, daß wir die Exerzitien so verstehen, wie sie Ignatius selbst gemeint hat. Da wäre an erster Stelle das Stillschweigen zu nennen, das in beiden Fällen streng beobachtet wird. Gemeinsame Aussprachen oder Gespräche zu zweien unter den Teilnehmern, wie sie in neuester Zeit – gewiß aus guter Absicht – bisweilen in den Exerzitien gehalten werden, kennt man in Zenkursen auch heute nicht. Dort besteht ein System von Zeichen mit Glocken, Gongs und Hölzern, die die jeweiligen Übungen eindeutig ankündigen, so daß keine Notwendigkeit zum Sprechen besteht, wenigstens solange alles seinen gewohnten Gang geht.

Man soll auch nicht sehen und hören wollen, was einen nichts angeht. Das gilt in den Exerzitien ebenso wie in den Zenkursen. Ignatius sagt z. B. vom Exerzitanten: »Für gewöhnlich wird er dabei um so mehr vorankommen, je mehr er sich von allen Freunden und Bekannten und von aller irdischen Sorge absondert; zu diesem Zweck kann er das Haus wechseln, in dem er bisher wohnte, und sich ein anderes Haus oder Zimmer nehmen, um in ihm um so mehr in der größtmöglichen Verborgenheit zu leben« (Nr. 20). Dafür gibt es drei Gründe: »Der erste ist: [er] erwirbt sich ein nicht geringes Verdienst vor Gott.

Der zweite: Wenn er so in der Abgeschiedenheit verweilt und seine Verstandeseinsicht nicht aufgespalten auf viele Dinge richtet, sondern mehr seine ganze Aufmerksamkeit auf eine einzige Sache verlegt, nämlich seinem Schöpfer zu dienen und in seiner eigenen Seele voranzukommen, so gebraucht er seine natürlichen

Fähigkeiten mit mehr Freiheit, um das mit Eifer zu suchen, was er so sehr ersehnt.

Der dritte: Je mehr sich unsere Seele allein und abgeschieden befindet, um so mehr macht sie sich geeignet, ihrem Schöpfer und Herrn sich zu nahen und bei ihm anzukommen; und je mehr sie sich auf diese Weise bindet, um so mehr macht sie sich bereit, Gnaden und Gaben von seiner göttlichen und höchsten Güte zu empfangen« (ebd.).

In den schon erwähnten Zusätzen heißt es unter anderem, das Letzte nach dem Schlafengehen und das Erste nach dem Erwachen sollte der Gedanke an die nächste Meditation sein. In derselben Weise sollen die Zenschüler immer ihr Kōan im Sinne haben, oder auf was sonst sie sich beim Zazen konzentrieren. Ignatius sagt weiterhin: »Einen oder zwei Schritte vor der Stelle, an der ich die Kontemplation (Betrachtung) oder Meditation (Besinnung) zu halten gedenke, will ich mich während der Dauer von einem Vaterunser aufrecht hinstellen, den Geist nach oben gerichtet, und erwägen, wie Gott unser Herr mich anschaut [. . .] und einen Akt der Ehrfurcht und Verdemütigung setzen« (Nr. 75). Auch der Zenmönch verbeugt sich in Ehrfurcht vor dem Platz, auf dem er beim Zazen sitzt. Er macht noch eine zweite Verbeugung, nämlich zu denen hin, die mit ihm zusammen meditieren.

Bekanntlich ist für das Zazen eine bestimmte Weise zu sitzen vorgeschrieben. Auch in den Exerzitien gibt es eine Regel für die Körperhaltung: »Finde ich kniend, was ich begehre, soll ich nicht zu etwas weiterem übergehen; und wenn auf die Erde ausgestreckt ebenso, usw.« (Nr. 76). Während der Meditation soll man das Zimmer dunkel oder hell halten, je nachdem, wie es am besten zu dem Betrachtungsstoff paßt. Auch Zen hat die für das Zazen günstigste Beleuchtung gewählt, weder völlige Dunkelheit noch vollkommene Helligkeit, sondern gedämpftes Licht. Bei beiden Arten der Übung soll man darauf achten, daß man weder lachen noch andere zum Lachen reizen soll, usw.

Beide Wege haben gemeinsam, daß sie viel Zeit auf die Meditation verwenden. In den Zenkursen wird die Meditation den ganzen Tag fortgesetzt, wenn auch mit einigen Unterbrechungen. Ignatius schreibt: »Derjenige, der die Übungen gibt, hat den Übenden eindringlich darauf aufmerksam zu machen, daß er immer dafür sorgt – da er ja in jeder einzelnen der fünf täglichen Übungen oder Betrachtungen eine Stunde lang zu verharren hat –, daß der Geist reichlich befriedigt bleibe im Gedanken, eine ganze Stunde mit der Übung sich beschäftigt zu haben, und zwar eher mehr als weniger. Denn der Feind pflegt nicht wenig dahin zu wirken, daß die Stunde einer solchen Kontemplation, Betrachtung oder Gebetes abgekürzt werde« (Nr. 12). Im Zen fällt freilich, wie schon erwähnt, die für den Exerzitienmeister vorgeschriebene kurze Darlegung des Betrachtungsstoffes und der nachfolgende Rückblick fort.
Es wäre jedoch ein Irrtum, zu glauben, daß die Betrachtung oder Meditation in den Exerzitien nur nach der Betätigung des Verstandes gewertet würde. Denn wenn das der Fall wäre, so erschiene es widerspruchsvoll, auf der vollen Stunde zu bestehen, selbst wenn man nichts mehr zu denken hätte. Ignatius kannte offenbar den Wert einer Meditation, die auch unter diesen Umständen fortgesetzt wird. Das bestätigt die folgende Anweisung für den Exerzitienmeister: »Wenn derjenige, der die Exerzitien gibt, spürt, daß beim Übenden keinerlei geistliche Bewegungen, wie z. B. Tröstungen oder Trostlosigkeiten, in seiner Seele eintreten noch daß er von verschiedenen Geistern in Bewegung versetzt wird, dann muß er ihn eindringlich über die Übungen befragen, ob er sie zu den festgesetzten Zeiten mache und auf welche Weise« (Nr. 6). Das besagt doch wohl, daß mit Sicherheit etwas geschieht, vorausgesetzt, daß die Exerzitien in der richtigen Weise gemacht werden, und weiterhin, daß das, was dann geschieht, wichtiger ist als das Ergebnis gedanklicher Überlegungen. Hier treffen sich die Ignatianischen Exerzitien mit dem Zen, wo etwas geschieht, gerade weil nicht gedacht wird.

Zusammenfassend können wir sagen: Wenn die Exerzitien gemäß der ursprünglichen Intention ihres Autors gemacht werden, so kommen sie den Zenübungen sehr nahe. Je mehr jedoch dabei gesprochen wird und die Zeit der Meditation gekürzt wird, desto weiter entfernen sie sich von den Zenkursen. Wir sollten nicht vergessen, daß Ignatius nicht nur durch die scholastische Schule der Philosophie und Theologie gegangen ist, wie es eben damals der Fall war, sondern auch und noch mehr ein begnadeter Mystiker war.

Was die Form der Betrachtung angeht, so ist oft darauf hingewiesen worden, daß sich bei Ignatius auch eine Art Meditation oder ein Gebet findet, das zugleich mit dem Rhythmus des Atems vollzogen wird. Es »besteht darin, daß man zu jedem Atemzug oder Atemholen geistig betet, indem man ein Wort des Vaterunsers ausspricht oder eines anderen Gebetes, das gerade verrichtet wird, so daß zwischen dem einen und dem andern Atemzug nur ein Wort gesprochen wird und in der Zwischenzeit von einem Atemholen zum andern die Aufmerksamkeit hauptsächlich auf die Bedeutung dieses Wortes gelenkt wird« (Nr. 258). Man hat gelegentlich versucht, diese Art des Betens mit dem Zen in Beziehung zu bringen, etwa mit einer gewissen Art, sich auf ein Kōan zu konzentrieren. Es besteht da wohl eine Parallele, insofern man den Atem, der ja auch im Zazen eine wichtige Rolle spielt, bei Gebetsübungen benutzt. Uns scheint jedoch der Unterschied in der Art der Benutzung erheblich größer. Im Programm der Exerzitien ist diese Art des Betens mit dem Atemrhythmus nicht berücksichtigt. Diese und andere Weisen sind dem Exerzitanten zur Verfügung gestellt, falls sie ihm nützen können. Vielleicht sind sie aber noch mehr als Vorübung für die eigentliche Betrachtung oder Meditation gedacht.

Aufgabe des Meisters – Unterscheidung der Geister

Es sollten noch einige Anweisungen für den Exerzitienmeister erwähnt werden, die an die von den Zenmeistern befolgte Praxis erinnern. So heißt es z. B. in einer der Vorbemerkungen: »Für den, der die Übungen in der ersten Woche macht, ist es nützlich, keinerlei Dinge zu erfahren, mit denen er in der zweiten Woche zu tun haben wird; vielmehr bemühe er sich in der ersten Woche derart, das zu erlangen, was er sucht, als ob er in der zweiten Woche nichts Gutes mehr zu finden hoffte« (Nr. 11). Auch der Zenmeister soll dem Schüler niemals sagen, was möglicherweise in der Zukunft geschehen könnte; denn der letztere muß stets frei sein von allen Vermutungen solcher Art. Das ist übrigens der Grund dafür, daß manche Zenmeister sich gegen Veröffentlichungen von Erleuchtungserlebnissen ausgesprochen haben. Andere wieder sagen, eine solche Mitteilung sei gut, um andere zu ermutigen.

Eine andere Regel für den Exerzitienmeister sagt, er soll nicht »versuchen, die persönlichen Gedanken und Sünden dessen, der die Übungen macht, auszuforschen und kennenzulernen, doch getreu unterrichtet ist über die verschiedenen Regungen und Gedanken, welche die verschiedenen Geister diesem einflößen« (Nr. 17). Das gilt auch im Zen. Dem Zenmeister wird kein Sündenbekenntnis oder dergleichen abgelegt. Es geht einzig um die Meditation. Auch er muß in dieser Beziehung genau wissen, was in dem Meditierenden vor sich geht. Der Exerzitienmeister soll daher den Exerzitanten täglich besuchen. In den Zenkursen wird täglich drei- bis viermal Gelegenheit zur Aussprache mit dem Meister gegeben. So wird es wenigstens im Rinzai-Zen gehalten. Daß Soto eine andere Praxis hat, wurde schon erwähnt und in etwa erklärt. Eine weitere Anweisung für den Exerzitienmeister lautet: »Wenn derjenige, der die Exerzitien gibt, sieht, daß sich der Übende in Trostlosigkeit und Versuchung befindet, so benehme er sich nicht hart und rauh gegen ihn, sondern mild und sanft, indem er ihm für das Kommende Mut und Kraft verleiht« (Nr. 7). Ein Zenmeister wird trotz aller sonst im Zen herrschenden Strenge in derselben Lage das Gleiche tun, damit der Schüler nicht den Mut verliert und vielleicht sein Vorhaben aufgibt. Abgesehen davon ist die Härte der Zenmeister in Wirklichkeit Güte. Als der spätere Meister Rinzai, nachdem er in seiner Ausbildungszeit von Meister Obaku mehrere Male geschlagen worden war, ärgerlich zu einem anderen Meister ging und sich dort über Meister Obaku beklagte, sagte dieser: »Schämst du dich nicht, davongelaufen zu sein, wo doch Meister Obaku dich mit der Güte eines alten Weibleins behandelt hat?« In diesem Augenblick ging dem jungen Rinzai ein Licht auf, und er kam zur Erleuchtung. – Wenn der Exerzitienmeister dagegen sieht, »daß der Übende getröstet und mit großem Eifer voranschreitet, muß er vorbeugen, daß weder ein Versprechen noch irgendein Gelübde unüberlegt und überstürzt abgelegt wird« (Nr. 14). Noch viel weniger soll er versuchen, ihn von sich aus zu bewegen, den Ordensstand zu ergreifen. »Auf diese Weise soll derjenige, der die Übungen vorlegt, weder zu der einen noch zu der anderen Seite sich wenden und hinneigen, sondern, mehr wie eine Waage in der Mitte stehend, unmittelbar den Schöpfer mit seinem Geschöpf und das Geschöpf mit seinem Schöpfer und Herrn wirken lassen« (Nr. 15). Die hier vom Exerzitienmeister geforderte Haltung hat im Zen ihre Entsprechung. Man hat die Rolle des Zenmeisters bisweilen mißverstanden und ihm die Rolle eines Super-Ego untergeschoben, das den Bewußtseinszustand des Schülers wie ein Psychoanalytiker zunächst auf einen infantilen Zustand reduziert und ihm dann eine neue Weltanschauung aufzwingt. Auch die Ignatianischen Exerzitien sind in ähnlicher Weise mißverstanden worden. Sie seien, so sagte man, eine geschickte psychologische Methode, den Exerzitanten zu etwas zu bewegen, das er gar nicht wolle und das ihm unter Umständen großen Schaden zufügen könnte. Daß dem nicht so ist, dürfte aus dem angeführten Zitat ohne weiteres einleuchten. Zen lehnt jede Art von Argumentation ab. Zudem gibt es keine echte Erleuchtung, die aufgezwungen wäre. Der Meister kann dem Schüler auf dem Wege zur Erleuchtung viel helfen, aber aufzwingen kann er sie nicht. Sie

muß von innen kommen. Das gehört zum ABC des Zen, über das sich alle Zen-Erfahrenen einig sind.
Die Regeln zur Unterscheidung der Geister. Von der Unterscheidung der Geister war schon wiederholt die Rede. Da die Regeln für die Exerzitien, besonders für den Exerzitienmeister, von zentraler Bedeutung sind, möchten wir etwas näher auf sie eingehen, soweit sie für den Vergleich mit dem Zen in Betracht kommen. Nach Ignatius' eigenen Worten sind es *»Regeln, um auf irgendeine Weise die verschiedenen Bewegungen zu verspüren und zu erkennen, die in der Seele verursacht werden: Die Guten, um sie aufzunehmen, die Schlechten, um sie zu verwerfen«* (Nr. 313). Sie sind in zwei Gruppen aufgeteilt, in Regeln für die erste Woche und Regeln für die zweite Woche. Der Grund für diese Einteilung liegt darin, daß, nach der Überzeugung des Ignatius, der böse Feind je nach der Disposition der einzelnen Seele eine verschiedene Taktik anwendet. Es wird hier stillschweigend vorausgesetzt, daß der Exerzitant in der ersten Woche noch wenig oder gar keine Erfahrung im geistlichen Leben hat und auch noch nicht mit dem Problem der Sünde fertig ist. Sinngemäß könnte man die erste Gruppe als Regeln für solche bezeichnen, die noch einen harten Kampf gegen die Versuchungen zur Sünde zu führen haben, und die zweite Gruppe als Regeln für solche, die jene Stufe erreicht haben, die für den Eintritt in die zweite Woche erforderlich ist.

Regeln für die erste Woche

In der ersten Regel heißt es: »Bei den Personen, die von Todsünde zu Todsünde schreiten, pflegte der böse Feind gemeinhin augenscheinliche Lust vor Augen zu führen, indem er Bilder sinnlicher Genüsse und Lüste hervorruft, um sie je mehr in ihren Lastern und Sünden zu erhalten und zunehmen zu lassen. Der gute Geist verfährt bei solchen Personen auf die entgegengesetzte Weise, indem er sie anstachelt und ihnen mit Gewissensbissen zusetzt durch die innere Stimme der Vernunft« (Nr. 314). Mit anderen Worten: Wer sich in seinem sündhaften Leben zufrieden und ruhig fühlt, der täuscht sich. Sein Frieden ist nicht echt und wird ihm einmal zum Verderben sein. Wer dagegen Reue und Verlangen fühlt, von seinen Sünden loszukommen, und keine Ruhe findet, bis er sich von der Sünde losgesagt hat, der »liegt richtig«.

Die zweite Regel: »Bei den Personen, die intensiv bestrebt sind, sich von ihren Sünden zu reinigen, und die im Dienste Gottes unseres Herrn vom Guten zum je Besseren übergehen«, bemüht sich der böse Geist, die Seele zu beunruhigen, damit sie nicht weiter voranschreite. »Dem guten Geist ist es eigen, Mut und Kraft, Tröstungen, Tränen, Einsprechungen und Ruhe zu schenken, indem er alle Hindernisse leicht macht und weghebt, damit man im Gutestun immer weiter fortschreite« (Nr. 315). Hier ist die Ruhe echt, und der Mensch soll sich nicht beunruhigen lassen. In den folgenden zwei Regeln ist vom geistlichen Trost und der Trostlosigkeit die Rede. »Ich nenne es Trost, wenn in der Seele eine innere Bewegung verursacht wird, durch welche die Seele in Liebe zu ihrem Schöpfer und Herrn zu entbrennen beginnt, und wenn sie infolgedessen kein geschaffenes Ding auf dem Antlitz der Erde mehr in sich zu lieben vermag, es sei denn im Schöpfer ihrer aller« (Nr. 316). Demgegenüber wird Trostlosigkeit alles genannt, »was zur dritten Regel in Gegensatz steht, wie Verfinsterung der Seele, Verwirrung in ihr, Hinneigung zu niedrigen und erdhaften Dingen« (Nr. 317). Jeder Mensch, der einen religiösen Glauben hat und sich eifrig bemüht, danach zu leben, kennt diese beiden Stimmungen, wenn er sie auch gemäß seiner Weltanschauung mit anderen Worten ausdrückt.

Die fünfte Regel gibt einen Rat, der zu jeder Zeit Anwendung findet: »Zur Zeit der Trostlosigkeit soll man niemals eine Änderung treffen, sondern fest und beharrlich zu den Vorsätzen und Entscheidungen stehen, zu denen man am Tag vor dieser Trostlosigkeit stand, oder zu der Entscheidung, zu der man im vorausgehenden Trost stand« (Nr. 318). Der Grund dafür ist, daß man zur Zeit des Trostes mehr vom guten Geist geführt wird und während der Trostlosigkeit mehr unter dem Einfluß des bösen Geistes steht. Kein Zenmeister würde z. B. seinem Schüler raten, die Zenübungen aufzugeben, während er in einer schlechten Stimmung ist.

In der folgenden sechsten Regel wird im Gegenteil geraten, zu solchen Zeiten eher sein Verhalten zu ändern, »gegen eben diese Trostlosigkeit hin, so dadurch, daß wir eifriger das Gebet, die Betrachtung pflegen, uns viel erforschen« (Nr. 319). Man wird dann oft herausfinden, daß kein Grund zur Trostlosigkeit vorliegt, oder eine Sache, die man beheben kann und sollte. Daß man in solcher Zeit seinen Eifer verdoppelt, werden auch die Zenmeister anraten. Über die Gründe zu reflektieren, werden sie während des Sesshin nicht raten. Andererseits ist im Zen die Gruppe, in der man bei solchen Gelegenheiten meistens übt, eine große Hilfe.

In der siebenten Regel wird geraten, solche Schwierigkeiten als Prüfung aufzufassen, damit man zeige, was man leisten kann, und dabei zu bedenken und zu vertrauen, daß man immer genug Kraft bekommt, durchzuhalten. Solche Prüfungen sind auch im Zen nicht selten. Die Zenmeister sind dann eine große Hilfe, darüber hinwegzukommen.

Die achte Regel fügt hinzu, daß man daran denken soll, daß auch wieder Tage des Trostes kommen. Das ist wohl eine Regel, die jeder Seelenführer und Zenmeister kennt.

In der neunten Regel werden drei Gründe für die Trostlosigkeit angeführt: »Der erste, weil wir lau, träge oder nachlässig in unseren geistlichen Übungen sind, und so zieht sich wegen unserer Fehler der geistliche Trost von uns zurück. Der zweite, damit Gott uns erprobe, wie weit wir sind und wie weit wir in seinem Dienst und Lobpreis voranschreiten ohne eine so große Belohnung an Tröstungen und besonderen Gnaden. Der dritte, um uns wahre Kenntnis und Einsicht zu geben, mit dem Ziel, daß wir innerlich verspüren, es sei nicht unsere Sache, große Hingabe, intensive Liebe, Tränen oder irgendeine andere geistliche Tröstung zu erlangen« (Nr. 322).

Der erste Grund hat offenbar allgemeine Geltung, er gilt im Zen genauso wie in den Exerzitien; auch der zweite, da es auch im

Zen eine harte Prüfung geben kann. Das hat schon mancher erfahren, so sehr, daß er meinen könnte, alles was er bisher getan hat, sei umsonst gewesen. Aber auch der dritte Grund besitzt seine Geltung: denn auch im Zen erfährt man oft, daß man gerade da, wo man es am wenigsten erwartet hatte, in eine tiefe Ruhe und Geborgenheit kommt, so daß man meint, man könne die Meditation beliebig lange fortsetzen, ohne zu ermüden.
Gemäß der zehnten Regel sollen wir uns zur Zeit des Trostes überlegen, wie wir uns zur Zeit der Trostlosigkeit verhalten sollten. Nach der elften Regel sollen wir uns zur Zeit des Trostes verdemütigen und bedenken, wie wenig wir zur Zeit der Trostlosigkeit vermögen. Dieses Auf und Ab, Licht und Schatten gibt es auch im Zen, und der Zenmeister gibt dann ähnliche Ratschläge. In den drei Regeln, die noch folgen, wird gezeigt, daß Furcht schwächt, während Mut Kraft gibt. Ferner wird darauf hingewiesen, daß es in schwierigen Situationen viel hilft, sich beim Seelenführer auszusprechen. Diese Erfahrung macht wohl jeder Zenschüler in der Begegnung mit dem Zenmeister, die deswegen auch in hohem Maße das Vertrauen ihrer Schüler besitzen. Es ist erstaunlich, wie diese oft sehr kurzen Begegnungen einen stärken können. Schließlich werden wir in diesen Regeln gemahnt, daß wir unsere Schwächen kennenlernen; denn in diesen werden wir zuerst versucht. Zazen hat eine einzigartige Kraft, zur Selbsterkenntnis zu verhelfen. Es ist in gewissem Sinne eine Analyse, die die verborgenen Falten des Unbewußten aufdeckt.

Regeln für die zweite Woche

Welche Voraussetzungen bei den Exerzitanten für die Anwendung dieser Regeln erfüllt sein müssen, wurde schon herausgestellt. Bei einem Teilnehmer an einem Zenkurs würde dem die Einstellung entsprechen, daß er sich aufrichtig bemüht, sich ganz dabei einzusetzen, um ein vollkommener Mensch zu werden, und daß er auf diesem Wege schon einigermaßen fortgeschritten ist. Wenn jemand, mag er Christ sein oder nicht, nicht die genannten Voraussetzungen erfüllt, sollten ihm diese Regeln nicht gegeben werden. Denn er wird sie nicht verstehen und vielleicht Schaden leiden, wenn er sie liest und anzuwenden versucht. Obwohl sie ebenso wie die der ersten Woche in der christlichen Auffassung begründet sind, so wird doch auch ein weitherziger Zenmeister sie anerkennen können, wenn er ihnen auf den Grund geht. Wir wollen versuchen, das etwas näher darzulegen. In der ersten Regel heißt es: »Es ist Gott und seinen Engeln eigen, bei ihren Anregungen wahre Fröhlichkeit und geistliche Freude mitzuteilen und alle Traurigkeit und Verwirrung, die der Feind einflößt, zu entfernen; diesem ist es eigen, gegen solche geistliche Fröhlichkeit und Tröstung anzukämpfen, indem er Scheingründe, Spitzfindigkeiten und anhaltende Täuschungen anwendet« (Nr. 329). Auch im Zen gelten echtes Glücksgefühl und geistliche Freude als gutes Zeichen. Es ist ein Zeichen für Zanmai (tiefe Sammlung). Was die Scheingründe und Spitzfindigkeiten angeht, die auftreten können, so läßt sich Zen von vornherein nicht auf sie ein, ohne sie überhaupt näher zu untersuchen. Diese Regel ist übrigens in der ganzen christlichen Spiritualität von sehr großer Bedeutung.

Die zweite Regel sagt: »Allein Gott unserem Herrn kommt es zu, ohne vorausgehende Ursache der Seele Trost zu geben [...] Ich sage ohne Ursache, das heißt ohne vorausgehendes Gespür oder vorausgehende Erkenntnis irgendeines Gegenstandes, durch den eine solche Tröstung vermittels der Akte ihres Verstandes und Willens herbeigeführt würde« (Nr. 330). Auch diese Regel hat eine Entsprechung im Zen. Auch da ist die Unterscheidung zwischen dem zu treffen, was von den eigenen Wahrnehmungen und Gedanken herkommt, und dem, was aus einer anderen Sphäre kommt. Zen ist überhaupt nicht an dem interessiert, was von der Ego-Sphäre herkommt, es schließt es von vornherein aus. Auch die Erleuchtung kommt nicht aus dieser Sphäre. Sie kommt niemals als ein Ergebnis des Denkens. Merkwürdigerweise löst sie sich meistens in Verbindung mit einer Sinneswahrnehmung aus, die jedoch nicht als die Ursache der Erleuchtung angesprochen werden kann. Auch kann man sie nicht manipulieren. Ein Zenmeister nannte sie aus diesem Grunde »Gnade«.

Die dritte Regel greift den Gedanken der zweiten wieder auf: »Mittels einer Ursache vermag sowohl der gute wie der böse Engel die Seele zu trösten, jedoch zu entgegengesetzten Zielen hin« (Nr. 331). Der erstere bemüht sich um den wahren Fortschritt der Seele in der Tugend; der letztere sucht sie zu seiner verworfenen Absicht und Bosheit hinzuzerren. Im Zen besteht hier keine Notwendigkeit für eine Unterscheidung, weil dort jede Überlegung und Planung untersagt ist. Aber es kann trotzdem nützlich sein, diese Untergründe des Geistes zu kennen. Es wird auf diese Weise leichter, auf solche Gedanken zu verzichten.

Das Gesagte gilt auch für die vierte Regel: »Es ist eine Eigentümlichkeit des bösen Engels, der sich in einen Engel des Lichtes umgestaltet, mit der frommen Seele hereinzukommen und mit sich selbst hinauszugehen; das heißt: er flößt gute und heilige Gedanken ein [. . .] und danach versucht er, Schritt für Schritt, sich wieder zu verschleichen, indem er die Seele in seine [. . .] perversen Absichten hineinzieht« (Nr. 332). Auch dagegen schützt sich das Zen durch die Regel, sich auf keinen Gedanken einzulassen, gleichgültig, ob er gut oder böse ist.

Die fünfte Regel schließt die Schlüsse aus dem Gesagten: »Wir müssen sehr achthaben auf den Verlauf der Gedanken; sind der Anfang, die Mitte und das Ende ganz und gar gut und auf ganz Gutes ausgerichtet, so ist dies ein Kennzeichen des guten Engels« (Nr. 333). Zen spricht in diesem Zusammenhang nicht von dem »bösen Feind«, sondern von der Rückseite des Geistes, die wir meistens nicht kennen. Aber es ist gerade eine typische Wirkung der Zenmeditation, daß sie das geistige Auge für diese »Seite« schärft.

Die sechste Regel sagt uns, was man tun soll, nachdem man den Feind der menschlichen Natur an seinem Schlangenschweif und an dem schlechten Ziel, zu dem er führt, wahrgenommen und erkannt hat. Dann nämlich »ist es der Person, die von ihm versucht wurde, nützlich, sofort den Verlauf der guten Gedanken, die er eingab, zu betrachten, und zwar deren Anfang, und wie er dann Schritt für Schritt dafür sorgte, daß sie aus der geistlichen Anmut und Freude, darin sie sich befand, sich herabziehen ließ, bis er sie schließlich zu seiner verderblichen Absicht verführte. Auf Grund einer solchen erkannten und festgehaltenen Erfahrung soll sie sich in Zukunft vor seinen üblichen Betrügereien hüten« (Nr. 334). Wir werden uns erinnern, daß dieser Fall für Ignatius praktisch wurde, als er in Manresa erkannte, daß die schlangenartige Erscheinung, die er öfters gehabt hatte, eine Täuschung war. Ob wir all das nun einem bösen Geist oder anderen Ursachen zuschreiben, die in unserer menschlichen Natur wirken, so ist es auf jeden Fall ratsam, eine solche Überlegung über den Betrug bzw. Irrtum anzustellen, um daraus für die Zukunft zu lernen. Das gilt nicht nur für die Exerzitien und das Zen, sondern allgemein für jeden Menschen, der sich bemüht auf dem Weg der Vollkommenheit voranzukommen.

Auch die siebente Regel findet ihre Anwendung allgemein für jeden, der auf dem inneren Weg voranschreitet. Hier wird darauf hingewiesen, daß unsere eigenen Reaktionen auf die verschiedenen Regungen der Geister je nach unserer Disposition unterschiedlich sind. »Bei denen, die vom Guten zum je Besseren voranschreiten, berührt der gute Engel die Seele mild, leicht und sanft wie ein Wassertropfen, der in einen Schwamm eindringt; der böse hingegen berührt sie scharf und mit Lärm und Unruhe, wie wenn ein Wassertropfen auf einen Stein fällt.« Dann heißt es weiter: »Die, welche vom Schlechten zum je Schlechteren voranschreiten, werden von den genannten Geistern auf die entgegengesetzte Weise berührt; der Grund hierfür ist, daß die Disposition der Seele den genannten Engeln entweder entgegengesetzt oder gleichartig ist« (Nr. 335). Eine ähnliche Beobachtung kann man schon im täglichen Leben machen. Wenn jemand versucht, irgendeine gute Sache durchzusetzen, so wird er in den meisten Fällen sehr verschiedene Reaktionen bei den Menschen hervorrufen, die er etwa zur Mitarbeit einlädt. Manche werden mit Begeisterung mitmachen; bei anderen wird er Ärger und vielleicht sogar Haß hervorrufen.

In der achten und letzten Regel wird wieder ein sehr wichtiger

Punkt berührt. Auch wenn der Trost von Gott kommt und kein Zweifel über seine Echtheit besteht, »soll doch die geistliche Person, der Gott solche Tröstungen gibt, mit großer Wachsamkeit und Sorgfalt zusehen und die eigentliche Zeit einer solchen aktuell sich vollziehenden Tröstung von der nachfolgenden Zeit unterscheiden« (Nr. 336). Die Anweisung will verhindern, daß man, eine Zeitlang nachher in Eifer und Trost, seine eigenen Gedanken mit der Erfahrung selbst vermischt und nicht bemerkt, daß sich dann Irrtümer einschleichen können. Diese Warnung gilt für den Zenschüler wie für einen Christen, der nach Vollkommenheit strebt und tiefer in das geistliche Leben eindringt. Selbstverständlich wissen das auch die Zenmeister. Sie haben einen guten Blick für diese Art von Unterscheidung bei ihren Schülern. Wenn z. B. jemand eine Antwort auf ein Kōan vorlegte, die er nicht selbst gefunden, sondern von jemand anders gehört hat, so bemerkt das der Meister sehr schnell und stellt dem Schüler andere Fragen ähnlicher Art, auf die ihm dann aber der Schüler die Antwort schuldig bleibt.

Es dürfte einleuchtend geworden sein, daß im Wesentlichen große Ähnlichkeit in der Führung durch den Zenmeister und durch den Exerzitienleiter besteht. Das ist auch nicht zu verwundern, da beide die menschliche Seele zu lenken haben. Diese gründlich und praktisch zu kennen, ist für beide von größter Bedeutung, von der eigenen Erfahrung in geistlichen Dingen ganz zu schweigen.

Schließlich sollte hier noch ein Wort über die grundsätzliche Übereinstimmung beider Wege in der Notwendigkeit persönlicher Leitung während der Übungen gesagt werden. Deren Bedeutung für die Exerzitien ersieht man schon daraus, daß die verschiedentlich zitierten Vorbemerkungen in erster Linie für den Exerzitienmeister geschrieben sind. Man kann sogar sagen, daß das ganze Büchlein der »Geistlichen Übungen« ein Handbuch für den ist, der die Exerzitien gibt. Freilich muß ein Exerzitienmeister für diese Aufgabe durch Veranlagung, Erfahrung und Studium qualifiziert sein.

Es wäre jedoch eine Übertreibung, zu sagen, daß niemand ohne

Leitung diese machen dürfe und mit Nutzen auch nicht machen könne. Vorausgesetzt, daß jemand gut eingeführt ist, kann er sie je nach Veranlagung und Fortschritt im geistlichen Leben auch allein machen, und in vielen Fällen mit größeren Nutzen, als wenn er sie in einer Gruppe macht. Er kann sich dann eben ganz nach eigenen Bedürfnissen einrichten. Freilich ist es immer ratsam, sich während dieser Zeit einmal oder mehrmals mit einem in geistlichen Dingen erfahrenen Menschen auszusprechen.

Im Zen wird die Notwendigkeit des Meisters noch stärker betont. Die Gründe dafür wurden bereits dargelegt. Hinzukommt, daß die Sesshin meistens in Gruppen gehalten werden, was die Hilfe eines Zenmeisters noch erwünschter macht. Einzel-Sesshin sind sehr selten. Wenn irgend möglich, benutzt man eine Gelegenheit, es in einer Gruppe zu machen. Da ist es nicht nur leichter, die Strenge durchzuhalten, sondern auch andere Gründe sprechen dafür, wenn sich Leute finden, die bald zur Erleuchtung gelangen möchten, oder wenn man mit einem Kōan arbeitet, so braucht es eben einen Meister. Die Qualifikation eines Meisters wird im Zen mehr betont als in den Exerzitien. Die Bedingungen, die dafür gefordert werden, sind präziser. Die alte Regel ist, daß der Meister die Erleuchtung haben muß und daß diese Erleuchtung von einem Meister bestätigt sein muß, der selbst diese Erfahrung hat. Aber selbst das genügt noch nicht: Er muß auch als Meister anerkannt werden. Und bis dahin kann es Jahre dauern. Unterschiede auf diesem Gebiet wurden schon genannt.

Wege vollkommener Losschälung

Man hat gesagt, daß der Buddhismus unter allen Religionen den wirksamsten Weg zur Selbstentäußerung gefunden habe. Wenn das richtig ist, so gilt es besonders vom Weg des Zen. Es dringt bis in die letzten Winkel der Seele vor, um jede Anhänglichkeit an irgend etwas zu beseitigen. Für den Buddhismus ist das die notwendige Folgerung aus der Lehre der Wiedergeburt. Nach

dieser Lehre geht der Prozeß der Wiedergeburt weiter, solange noch irgendeine Anhänglichkeit besteht. Denn Anhänglichkeit an die Dinge ist die einzige Ursache des Leidens. Erst wenn jede Anhänglichkeit verschwunden ist, werden die vollkommene Befreiung und das Eingehen ins Nirvana möglich.
Doch obwohl die »Geistlichen Übungen« von der Basis einer anderen Lehre ausgehen, finden wir dort die gleiche Konsequenz im Streben nach vollkommener Losschälung. Das möchten wir etwas näher darlegen. Es sei aber noch einmal eigens daran erinnert, daß wir hier die Exerzitien meinen, wie Ignatius selbst sie gewollt hat.
Die Losschälung kommt schon in der Worterklärung zum Ausdruck, die in der ersten Vorbemerkung gegeben wird: Es handelt sich um Übungen, »die Seele vorzubereiten und dazu bereit zu machen, alle ungeordneten Neigungen von sich zu entfernen, und nachdem sie abgelegt sind, den göttlichen Willen zu suchen« (Nr. 1).
Im »Fundament« wird vollkommene Indifferenz gegenüber allen Geschöpfen verlangt, eine Einstellung, die wir auch im Zen fanden. Im Zwiegespräch nach der dritten Sündenbetrachtung in der ersten Woche werden drei Bitten ausgesprochen: »*Erstens,* daß ich ein inneres Bewußtwerden meiner Sünden und einen Abscheu vor ihnen verspüre; *zweitens,* daß ich die Unordnung meines Tuns spüre und dieselbe verabscheue, damit ich mich bessere und in Ordnung bringe; *drittens,* bitten um Erkenntnis der Welt, damit ich mit Abscheu die weltlichen und eitlen Dinge von mir entferne« (Nr. 63).
An mehreren Stellen wird von Buße gesprochen. In dem letzten der »Zusätze« finden wir eine Art von Zusammenfassung darüber. Dort werden drei Gründe für die Buße angegeben. Einer davon ist: »damit die Sinnlichkeit der Vernunft gehorche und alle niederen Teile den höheren je mehr unterworfen seien« (Nr. 87).
In der ersten Woche ist von der besonderen und allgemeinen Gewissenserforschung die Rede. Einer der Gegenstände, über die man sich erforschen soll, ist die ungeordnete Anhänglichkeit an die Geschöpfe.

Die zweite Woche, die uns zum Höhepunkt der Exerzitien führt, stellt besonders strenge Anforderungen an das Ablegen der Anhänglichkeit. Das kommt in den Wahlbetrachtungen in unmißverständlicher Weise zum Ausdruck. In der Betrachtung vom Reiche Christi wird betont, daß diejenigen, welche sich im Dienste des göttlichen Königs auszeichnen wollen, »gegen ihre eigene Sinnlichkeit und gegen ihre fleischliche und weltliche Liebe angehen« müssen (Nr. 97). Sie müssen mehr tun als das, wozu sie schon als Christen verpflichtet sind. Sie wollen nicht nur im Dienste des Königs jegliche Arbeit und Mühe übernehmen, sondern bieten sich an, Christus »nachzuahmen im Durchstehen allen Unrechtes und aller Schmähung und aller Armut, sowohl der äußeren wie der geistigen« (Nr. 98). Die Betrachtung von den Zwei Fahnen hat vor allem den Zweck, den Exerzitanten davor zu bewahren, daß er auf seinem Wege getäuscht wird. Das Problem ist unter dem Bilde Luzifers behandelt. Was immer man von dieser Darstellungsweise denken mag, die Gefahr ist richtig gesehen. Sie ist auf jeden Fall gegeben in der Anhänglichkeit, durch die der Mensch so oft getäuscht wird. Nur wenn man frei ist von Anhaftung, sieht man die Dinge, wie sie sind. Die Betrachtung von den Drei Menschenklassen hat keinen anderen Zweck, als dem Exerzitanten die Augen zu öffnen und ihn vor Selbsttäuschung zu bewahren. Wir möchten hier noch einen Rat hinzufügen, den Ignatius im Anschluß an diese Betrachtung gibt für den Fall, daß man im Punkte Armut/Reichtum nicht indifferent ist: »Es ist zum Auslöschen einer solchen ungeordneten Anhänglichkeit sehr nützlich, in den Zwiesprachen – auch wenn es gegen das Fleisch wäre – darum zu bitten, der Herr möge einen zur aktuellen Armut auserwählen« (Nr. 157). Die Überlegung von den drei Graden der Demut geht in dieser Richtung noch einen Schritt weiter, denn dort werden selbst Wert und Belohnung als Motive eingeschlossen. Es ist jene Einstellung, die man bisweilen als die »Losschälung von der Losschälung« bezeichnet hat.

In der »Einführung zur Vornahme der Wahl«, die auf die Wahlbetrachtungen folgt, warnt der Verfasser von neuem davor, sich von irgendwelcher Anhänglichkeit täuschen zu lassen. Er sagt, daß manche Menschen zunächst ihre Wahl fürs Leben gemäß irgendeiner ungeordneten Anhänglichkeit treffen, nachdem aber die Entscheidung getroffen ist, in diesem Stande Gott zu dienen wünschen. Dann fährt er fort: »Auf diese Weise streben sie nicht geraden Weges zu Gott, sondern sie wollen, daß Gott geraden Weges ihren ungeordneten Neigungen entgegenkomme« (Nr. 169). Etwas später heißt es, wenn jemand eine Wahl, die sich nicht mehr ändern läßt, nicht in der richtigen Weise getroffen hat, z. B. das Priestertum oder den Ehestand erwählt habe, dann soll er seinen Fehler bereuen und versuchen, Gott in diesem Stande zu dienen. Dann aber sagt Ignatius: »Eine solche Wahl scheint aber keine göttliche Berufung zu sein, denn sie ist eine ungeordnete und verkehrte Wahl. Gar viele täuschen sich in dieser Hinsicht, indem sie aus einer verkehrten oder aus einer schlechten Wahl eine göttliche Berufung machen; denn jede göttliche Berufung ist stets lauter und durchsichtig, ohne Beimischung des Fleisches oder irgendeiner andern ungeordneten Neigung« (Nr. 172).

Es folgt nun eine Beschreibung von »drei Zeiten, in deren jeder eine heile und gute Wahl getroffen werden kann. Der erste Zeitpunkt ist dann, wenn Gott unser Herr den Willen so bewegt und an sich zieht, daß eine Ihm ergebene Seele, ohne zu zweifeln oder auch nur zweifeln zu können, dem folgt, was ihr gezeigt worden« (Nr. 175). Es kann auch vorkommen, daß jemand auch ohne die Überzeugung, daß Gott es ist, der ihn ruft, von innen her, ohne eine ihm bewußte Ursache sich gedrängt fühlt und überzeugt ist, daß er dieses oder jenes tun muß oder nicht tun darf. Dann muß er auch dieser Weisung folgen und darf sich nicht aus Furcht oder wegen irgendeines Widerstandes davon abhalten lassen, diesem Ruf zu folgen. Es besteht keine Notwendigkeit, weitere Untersuchungen anzustellen. Es gibt natürlich auch Täuschungen bei einer subjektiv unzweifelhaften Überzeugung dieser Art. Man meint, daß der Anruf von Gott kommt, obwohl er in Wirklichkeit vom eigenen Ich kommt. In dieser ersten Wahlzeit wird vorausgesetzt, daß keine Täuschung vorliegt.

»Der zweite Zeitpunkt ist dann, wenn man viel Klarheit und Einsicht empfängt auf Grund der Erfahrung in Tröstungen und Trostlosigkeiten sowie auf Grund der Erfahrung in der Unterscheidung der verschiedenen Geister« (Nr. 176). Diese Art der Entscheidung hat Ignatius selbst oft angewandt. Sie beruht auf der inneren Erfahrung, die er bereits auf dem Krankenlager in Loyola gemacht hatte. Allgemein gesagt, ist sie bedeutend häufiger als die erste, die selten klar und eindeutig ist. Als Beispiel für eine Entscheidung der ersten Art sei die Bekehrung des Paulus vor Damaskus genannt.
Die dritte Art ist ruhiger Art und besteht in Überlegungen, wie man sie auch sonst anstellt, wenn man in einer wichtigen Sache eine Entscheidung im Leben treffen muß. Jedoch ist auch sie mit viel Gebet verbunden. Im einzelnen werden dafür mehrere Ratschläge gegeben, von denen zwei wiedergegeben seien. Der erste lautet: »Einen Menschen sich vorstellen, den ich nie gesehen noch gekannt habe, und ihm seine ganze Vollkommenheit wünschen; dann erwägen, was ich ihm sagen würde [...] Und auf gleiche Weise verfahre ich mit mir selbst und halte mich an die Regel, die ich für den andern aufstelle« (Nr. 185). Die andere Weise ist folgende: »Gleich als wäre ich in der Todesstunde, erwäge ich die Form und das Maß, die ich dann bei der Art und Weise der gegenwärtigen Wahl eingehalten zu haben wünschte; und danach richte ich mich jetzt und treffe im ganzen meine Entscheidung« (Nr. 186). Offenbar soll auf solche und ähnliche Weise jegliche ungeordnete Neigung ausgeschlossen werden. Endlich möchten wir noch auf die Mahnung hinweisen, die sich am Schluß der zweiten Woche findet: »Denn das soll ein jeder bedenken, daß er in allen geistlichen Dingen nur insoweit Fortschritte machen wird, als er herausspringt aus seiner Eigenliebe, seinem Eigenwillen und seinem Eigennutz« (Nr. 189). Bezüglich der dritten und vierten Woche ist hier nicht viel zu sagen. Wir brauchen uns nur daran zu erinnern, daß wir eins werden sollen nicht nur mit dem leidenden, sondern auch mit dem auferstandenen Christus. Das setzt nämlich voraus, daß das Ich als Zentrum aller ungeordneten Anhänglichkeit und Neigung sozusagen ver-

schwunden ist. Es wurde bereits darauf hingewiesen, daß die Freude in der vierten Woche eine ganz selbstlose Freude sein soll. Der Inhalt der letzten Betrachtung (oder besser Kontemplation) zur Erlangung der Gottesliebe ist mit dem bereits zitierten Aufopferungsgebet am besten wiedergegeben: »Nimm hin, Herr, und empfange meine ganze Freiheit . . .« (Nr. 234).

In diesem letzten Punkt des Vergleichs sollte gezeigt werden, daß auch die Exerzitien ein Weg zur vollkommenen Losschälung sind. Daß dem so ist, dürfte überzeugend deutlich geworden sein. Allerdings ist die Art und Weise, zu diesem Ziel zu gelangen, in vieler Beziehung vom Zen sehr verschieden. Das hängt zum Teil mit der Verschiedenheit der beiden Weltanschauungen zusammen. Daraus erklärt sich wohl auch, daß Ignatius immer von *ungeordneter* Anhänglichkeit oder Neigung spricht, während im Zen immer nur von Neigung oder Begierde die Rede ist, von denen man frei werden muß. Hier könnte die Frage gestellt werden, ob das Zen in der Losschälung weiter geht, als die Exerzitien. Wir sehen hier von theoretischen Überlegungen ab, obwohl sie naheliegen. Es geht uns um die Praxis, und da sind die beiden Wege tatsächlich parallel. Soweit die Praxis in Frage kommt, besteht nur ein Unterschied in der Ausdrucksweise. Auch das Zen bejaht das Natürliche und ist kein Quietismus. Es tötet die Gefühle nicht, sondern will nur, daß man über ihnen steht, will das gleiche wie Ignatius. Die angeführten Zitate bestätigen das. Es ist jene Einstellung, die aus den Worten des ersten Korinterbriefes sprechen. Paulus sagt dort: »Eins ist aber sicher, Brüder: Die Zeit, die noch vor uns liegt, ist kurz. So rate ich: Wer verheiratet ist, lebe, als wäre er von der Ehe frei! Wer traurig ist, lasse sich nicht von seiner Traurigkeit binden. Wer sich freut, verliere nicht viel Zeit mit seiner Freude. Wer einkauft, hänge sich nicht an seinen Besitz. Wem die (wirtschaftlichen, kulturellen, politischen und andere) Kräfte seiner Zeit zur Verfügung stehen, der achte darauf, daß er sie nicht ausbeutet. Denn die Welt mit allem, was sie ausmacht, geht vorüber« (1 Kor 7,29–31). Doch die radikale Losschälung von allem ist weder in den Exerzitien noch im Zen Selbstzweck. In den Exerzitien führt sie dahin, den Willen Gottes zu erkennen und auszuführen, und sein Leben nach ihm zu ordnen. Im Zen ist sie Weg zur Erleuchtung und weiterhin zur vollkommenen Einheit mit dem Absoluten in allem Streben und Tun. So sind beide Wege »Einübung in das wahre Sein«.

Möglichkeiten der beiderseitigen Ergänzung

Daß der unmittelbare Zweck der »Geistlichen Übungen« des heiligen Ignatius und die Zen-Übungen nicht einfach der gleiche ist, darüber besteht kein Zweifel. Aber wir haben neben vielen Verschiedenheiten auch nicht wenige Übereinstimmungen gefunden. Darum ist wohl die Frage nach der Verbindung beider in irgendeiner Form berechtigt. So dürften zum Abschluß einige Gedanken zu diesem Problem am Platze sein. Eine eigentliche Synthese ist allerdings kaum möglich. Dafür ist das »Denken« im einen und das »Nicht-Denken« im anderen Falle zu zentral. Es hieße den Methoden Gewalt antun. Das gilt für die Exerzitien jedenfalls bei Anfängern. Im Laufe der Zeit tritt das Denken, wie gesagt, mehr und mehr zurück, und man könnte zwischendurch versuchen, anstatt zu betrachten, innerlich ganz still zu sein, wie es dem Zazen entspricht. Oder man könnte, anstatt ein Geheimnis nach verschiedenen Seiten zu erwägen, sich nach Art eines Kōan darauf konzentrieren. Gar nicht zu reden von der Körperhaltung, die ja in den Exerzitien ohnehin freigestellt ist. Man könnte nach Bedarf die des Zazen benutzen. Es sei übrigens bemerkt, daß Ignatius bezüglich der Augen sagt, sie könnten geschlossen werden oder geöffnet auf einen festen Punkt gerichtet sein, wie es beim Zazen geschieht.
Man könnte und sollte sogar in dieser Richtung noch einen Schritt weitergehen, wenn gewisse Bedingungen erfüllt sind. Manche Menschen, die schon viel in der Art, wie es in den Exerzitien geschieht, meditiert haben, kommen bisweilen zum »Gebet der Sammlung«, d. h. in einen Bewußtseinszustand, in dem sich die Seelenkräfte vereinigen und in tiefer Sammlung auf Gott gerichtet sind. Schon immer haben die christlichen Seelenführer die Auffassung vertreten, daß dies ein Zeichen der Berufung zum mystischen Gebet sei. Und sie sagen, daß solche Menschen dann

nicht mehr in der gewohnten Weise betrachten, sondern sich bemühen sollten, den Blick einfach nach innen zu richten und sich dort zu sammeln. Bei diesem Bemühen könnte ihnen das Zen viel helfen. Dieselben Autoren sagen auch, daß man in diesem Falle seine Exerzitien nicht mehr wie bisher machen, sondern sich während der Betrachtungen einfach um die Sammlung bemühen soll. Seitdem das Zen auch von Christen geübt wird, haben manche in solchen Fällen anstatt an Exerzitien an einem Sesshin (Zenkurs) teilgenommen und dabei die Erfahrung gemacht, daß ihnen solch ein Kurs großen geistigen Gewinn schenkte und sie auf ihrem Weg zur Vereinigung mit Gott ein gutes Stück voranbrachte. Eine Frage, die auch schon gestellt wurde, ist die, ob man auf dem Wege des Zen eine Berufswahl oder eine andere gute Wahl treffen könne. Daß dies nicht der unmittelbare Zweck eines Sesshin ist, wissen wir. Aber bei einem Vergleich mit den Exerzitien ist die Frage doch berechtigt. Denn darum geht es ja in erster Linie bei den Exerzitien. Selbstverständlich ist das möglich. Aber es würde sich da eigentlich nicht um eine Kombination beider Wege handeln, sondern es ist ein anderer als der Weg der Exerzitien, wie er zunächst gemeint ist. Aber er hat auch im Christentum seine Parallele. Da wird die Entscheidung nicht durch Erwägen von Für und Wider herbeigeführt, sondern durch unmittelbare Intuition. Diesen Weg finden wir bei den Mystikern. Tauler sagt z. B., daß »solch ein Mensch« ohne weiteres weiß, was er zu tun hat, worüber er predigen soll usw. Es ist ähnlich wie bei der ersten Wahlzeit, von der Ignatius spricht. Oder wenn der Mensch noch nicht so weit fortgeschritten ist, so kommt allenfalls die zweite Wahlzeit in Frage. Dann muß allerdings die Anwendung der Regeln zur Unterscheidung der Geister hinzugenommen werden. Auch im Zen ist es ein passiver Weg, auf dem die Entscheidung herbeigeführt wird. Praktisch würde man dazu ein Sesshin, allenfalls auch allein, halten, wobei man immer wieder in die Versenkung eintritt, bis einem die Wahl zufällt. Man muß dann freilich von jeder Anhänglichkeit frei sein. Es ist in jedem Fall ein weiter Weg, bis man ganz und gar und mit Sicherheit ohne Gefahr von

Täuschung von innen her geleitet wird. Zen hat nun eben die Wirkung, den Menschen von seiner Anhänglichkeit frei zu machen. Es wird auch auf lange Zeit anzuraten sein, die Unterscheidung der Geister, im weiteren Sinne gemeint, anzuwenden und womöglich auch einen erfahrenen Geistesmann zu befragen, bevor man die endgültige Entscheidung fällt.
Eine weitere Frage, auf die wir bei einem Vergleich von Exerzitien und Zen stoßen, ist die, ob nicht auch die Ignatianischen Exerzitien ein Weg zur mystischen Erfahrung im christlichen Bereich sein könnten, ähnlich wie das Zen ein Weg zur Erleuchtung ist. Man könnte noch weiter gehen und fragen, ob sie es nicht in unserer Zeit sein sollten. Das würde nicht besagen, daß das für jeden, der die Exerzitien macht, etwa gar von Anfang an so sein müßte. Es würde für Menschen gelten, die eine gewisse Stufe im geistlichen Leben erreicht haben. Tatsache ist, daß manche, die die Exerzitien mit großem Eifer gemacht haben, wie z. B. der heilige Franz Xavier, der diese Übungen als Student in Paris unter der Leitung von Ignatius selbst gemacht hat, diesen Durchbruch vollzogen haben. Ohne daß Ignatius etwas davon andeutet, zieht sich durch die ganzen Exerzitien sozusagen im Unterbewußtsein wie ein roter Faden die Stufenfolge zur mystischen Vereinigung. Es würde sich lohnen, diesen Gedanken durchzudenken, was natürlich im Rahmen unserer Arbeit nicht möglich ist. Aber soviel läßt sich doch wohl mit Sicherheit sagen, daß man vom Zen wertvolle Anregungen dazu bekommen könnte.
Bisher haben wir bei der Frage nach gegenseitigen Ergänzungen vorwiegend solche im Auge gehabt, durch die die Exerzitien vom Zen her ergänzt werden könnten. Aber das ist nur eine Seite. Es müßte auch gefragt werden: Können die Exerzitien dem Zen neue Anregungen geben? Wohl bemerkt, die Frage ist jetzt nicht, ob Buddhismus und Christentum sich gegenseitig bereichern können. Mit dieser Frage beschäftigt sich der Dialog unter den Religionen. Es ist kein Zweifel, daß der echte Dialog mit einer anderen Religion immer fruchtbar ist. Hier geht es um den Weg des Zen, wie wir ihn beschrieben haben, und die Exerzitien. An

einigen Stellen haben wir schon auf solche Möglichkeiten hingewiesen. Aber es ist schwierig, zu dieser Frage allgemein Stellung zu nehmen. Der Grund ist folgender: Während man vom Christentum her aus verschiedenen Gründen – wir verzichten darauf, sie aufzuzählen – für das Zen interessiert ist, sind die Ignatianischen Exerzitien in japanischen Zenkreisen meist nicht einmal dem Namen nach bekannt. Infolgedessen können die Zenfachleute, speziell die Zenmeister, zu dieser Frage gar nicht Stellung nehmen. Daher kann die Frage nur einseitig und deswegen auch nur mit Vorbehalt von uns beantwortet werden. Mit dieser Einschränkung also sind die folgenden Ausführungen zu verstehen.

Das Zen ist heute in Japan, abgesehen von Leuten, die beruflich damit zu tun haben, weniger gefragt als in Europa und Amerika. Eine Tatsache, die auch den Zenmeistern nicht unbekannt ist. In manchen Ländern bestehen schon Zen-Zentren, die von buddhistischen Zenmönchen geleitet werden. Bedeutende Meister gehen heute in diese Länder, um Zenkurse zu halten. Manche von ihnen sind sogar der Meinung, das Zen gehe von Japan zum Westen und werde gewandelt später nach Japan zurückkehren. Darin liegt doch wohl das Eingeständnis, daß das Zen einer Anpassung an die gegenwärtige Zeit bedarf, die es in Japan nur schwer oder gar nicht vollziehen kann. Das aber gibt uns die Berechtigung, in dieser Hinsicht einige Vermutungen auszusprechen bzw. Vorschläge zu machen.

Da ist z. B. der harte, gebieterische Ton, der in den Zenhallen herrscht. Der Japaner nimmt das heute noch an, da er es vom Zen her gewohnt ist. Er nimmt es aber schon nicht mehr in irgendeinem Bereich der menschlichen Gesellschaft an. Die jungen Menschen vor allem sind da nicht sehr verschieden von der Jugend des Westens. Ein anderes Problem ist der Tagesrhythmus in den Zenkursen, der so gänzlich verschieden ist von dem, was der moderne Mensch gewohnt ist. Ein japanischer Student studiert heute bis morgens ein oder zwei Uhr. Im Sesshin steht er eine Stunde später, um drei Uhr, auf. Diese Gewohnheiten waren in einer früheren Zeit durchaus richtig und sind auch in sich nicht zu verurteilen. Das Zazen bald nach Mitternacht hat einen eigenen Wert. Die Abhärtung war und ist etwas Gutes auch heute noch. Aber man muß auch in Rechnung ziehen, daß der Mensch in der Großstadt, man denke nur an Tokyo, 24 Stunden in einer vergifteten Atmosphäre leben muß. Der Körper ist beständig überfordert. Dazu kommen alle die anderen nervenzerrüttenden Umstände, denen niemand ausweichen kann. Auch strenge Exerzitien stellen hohe Anforderungen, aber in anderer Weise. Die in sich strengen Regeln, die Ignatius gibt, sind elastisch und lassen sich auf die Person einstellen, ohne Gefahr, daß dem Exerzitanten die erstrebte Frucht der Übungen verlorengeht. Es wäre allerdings auch falsch, zu meinen, daß die Schmerzen, die ein Anfänger im Zen zu ertragen hat, in sich nutzlos seien und nur unter einer anderen Rücksicht sinnvoll seien, etwa in dem Sinne, daß der Lotussitz nun eben der beste für diesen Zweck ist. Tatsache ist, daß selbst Anfänger im Augenblick eines fast unerträglichen Schmerzes erstaunliche Erlebnisse haben. Andererseits ist die Kost während der Zenkurse, obwohl für einen verwöhnten Europäer schmal bemessen, gerade für ihn in der heutigen Zeit sehr zu empfehlen. Die Reformhäuser in Europa sind nicht ohne Grund so viel gesucht. Kurz: alles, was im japanischen Zen an Strengheiten vorhanden ist, hat in sich einen hohen Wert. Das soll noch einmal klar ausgesprochen werden. Das große Problem im Falle einer Neuausrichtung auf den modernen Menschen besteht darin, die Umstellung so zu vollziehen, daß nichts Wesentliches vom Zen verlorengeht. Das ist auch wohl der Grund, daß die Zenklöster so hartnäckig an den Strengheiten festhalten, obwohl auch sie wissen, daß die Menschen nicht mehr so robust sind wie zu jener Zeit, als die Gewohnheiten eingeführt wurden. Sie fürchten eben, daß – wenn man es einmal so ausdrücken darf – ein Sprung in die Glocke kommt. Und das darf auf keinen Fall geschehen.

Aber wenn trotz dieser Gefahr eine Umstellung auf die neue Zeit in Angriff genommen werden sollte, so könnten vielleicht die Exerzitien mit ihrer Elastizität manche gute Anregung geben. Es muß freilich zugegeben werden, daß die Erleichterungen, die man im Laufe der Zeit den Exerzitanten gegeben hat – Verkürzung der Meditationen und anderes –, nicht immer glücklich waren, wie das schon vorher bemerkt wurde. So sollte man es mit dem Zen nicht machen. Da wäre ein stures Festhalten am Alten das geringere Übel.

Nun ein anderes Gebiet, auf dem Zen vielleicht eine Ergänzung oder wertvolle Anregung von den Exerzitien erhalten könnte. Die Exerzitien beginnen mit einer kurzen und markanten Klarstellung des Zwecks des Menschen, dem Fundament. Im Anschluß daran wird dem Menschen in den Betrachtungen der ersten Woche zum Bewußtsein gebracht, daß er sich zunächst von allem Sündhaften und in diesem Sinne Ungeordneten lossagen muß, wenn er überhaupt sinnvoll ein so hohes Ziel anstreben will, wie es ihm in den Exerzitien vor Augen gestellt wird. Das gilt gewiß auch für jeden, der ein so hohes Ziel erreichen will, wie Zen es anstrebt, die Erleuchtung mit allem, was aus ihr folgt. Der Gedanke liegt nahe, daß eine, nennen wir es: Disponierung für das eigentliche Zen, wo nicht mehr gedacht wird, so doch erwünscht wäre. Viele Menschen versuchen, das hohe Ziel zu erreichen, ohne irgendwelche Voraussetzungen zu besitzen und sie sind enttäuscht, wenn es nicht gelingt. Es gibt in Japan auch Zenmeister, die ihre Schüler zunächst über das Ziel des Menschen nachdenken lassen, und auch über die Notwendigkeit eines sittenreinen Lebens. Erst wenn das klar ist, fängt die eigentliche Zenmeditation an. Andere Meister haben festgestellt, daß katholische Ordensleute besser für die Erleuchtung disponiert sind als andere Menschen, auch wenn sie Buddhisten sind. Wenn Zen irgendetwas in diesem Sinne übernähme, so brauchte das natürlich nicht wörtlich zu sein, wie man es im Exerzitienbüchlein lesen kann. Es sollte vielmehr dem modernen Menschen angepaßt sein.

Es gibt gewiß noch viele andere Anregungen, die das Zen von einer ihm so nahestehenden Methode, wie es die Ignatianischen Exerzitien sind, bekommen könnte. Es dürfte auch wohl kein Zweifel bestehen, daß viele Zenmeister, wenn sie einmal diese Übungen gründlich kennenlernten, manches daraus in ihren

Sesshin benützen würden. Ebenso könnte mancher Exerzitienmeister viel vom Zen lernen.
Was Zen angeht, so muß es sich bewußt sein, daß es über kurz oder lang vor eine Krise und damit vor die Wahl gestellt wird, ob es einen Weg findet, sich so an die Zeit anzupassen, daß es in seinem Wesen nicht geschwächt wird, oder es wird allmählich ganz verschwinden. Vor dieses Problem sind die christlichen Orden, auch die kontemplativen, bereits gestellt, und sie stehen noch mitten in dieser Krise. Sie sind sich dessen auch voll bewußt. Die Bemühungen, eine Lösung zu finden, sind im vollen Gange. Es hat sich auch schon gezeigt, daß es gar nicht leicht ist, hier den richtigen Weg zu finden. Die Erfahrungen, die hier bereits gemacht worden sind, könnten auch dem Zen wohl manchen guten Wink geben.

Vielleicht sind die Zen-Fachleute nicht mit allen hier vorgelegten Gedanken einverstanden, und es ist wahr, daß sie selbst am besten beurteilen können, was für das Zen das Richtige ist. Daher sollen diese Hinweise auch nur Anregungen sein, die Situation ernstlich zu prüfen. Gerade weil östliche Meditationsweisen heute für den Westen so wichtig sind, hat auch der westliche Mensch ein großes Interesse daran, daß die großen Wege wie Yoga und Zen weiterleben und womöglich noch mehr als bisher zum Besten der Menschheit beitragen.

Ausblick: Zen und das neue Bewußtsein

Die Zen-Erleuchtung

Das Wort »Erleuchtung« könnte dazu verleiten, sich unter der Zen-Erleuchtung eine Art von Lichtvision vorzustellen. Es kommt wohl vor, daß dieses Erlebnis mit einem starken Lichtphänomen verbunden ist. Aber das liegt nicht im Wesen der Zen-Erleuchtung. Im Japanischen gibt es zwei Ausdrücke für diese Erleuchtung. Der eine ist »Satori«, ein Wort, das in Zen-Kreisen Europas und Amerikas oft gebraucht wird. Es bedeutet vom Wort her »Verstehen« und kann auch als Verstehen im allgemeinen Sinn, ohne Beziehung zum Zen, verstanden werden. Der andere Ausdruck für die Zen-Erleuchtung, »Kensho«, bedeutet wörtlich »Wesensschau« und kommt dem, was hier gemeint ist, viel näher als das Wort »Satori«. Es ist Verstehen nicht nur des Menschseins, sondern des tiefsten Wesen allen Seins.

Im Zen kennt man die Unterscheidung zwischen dem absoluten Sein und dem vielfältigen oder phänomenalen Sein, nämlich dem Seienden, das Form und Farbe hat. Wenn man im christlichen Bereich vom absoluten Sein spricht, so ist damit »Gott« gemeint, und zwar in dem Sinn, daß dieses Sein alles ist, was im vollen Sinn »ist«. »Ich bin, der ist«, so wurde Moses bedeutet, als er fragte, wer der sei, der aus dem brennenden Dornbusch sprach. Genaugenommen gibt es für dieses Sein überhaupt kein Wort und keinen Begriff. Denn wenn es sie gäbe, so würde das eine Einschränkung bedeuten, die dem absoluten Sein nicht zukommt. In der Zen-Erleuchtung wird das absolute Sein nicht als Person und auch nicht als Gegenüber erfahren, sondern als Alles, außer dem es nichts im vollen Sinn gibt. Im Buddhismus bevorzugt man, es negativ zu benennen, weil jede positive Ausdrucksweise eine Bestimmung und Begrenzung bedeuten würde; man nennt es »Leere« oder »leere All-Einheit«. Wir würden es lieber einfachhin als die »All-Einheit« bezeichnen, außer der es nichts gibt.

Die Zen-Erleuchtung ist nun die unzweifelhafte Erfahrung dieser All-Einheit. Würde dieses Wissen auf theoretischem Weg oder auf die Autorität eines anderen hin erworben, so würde es im Zen nicht als Erleuchtung anerkannt.

Diese Erfahrung wird nun nicht nur durch die Übung des Zen erworben, sondern ereignet sich auch außerhalb und unabhängig davon. Sie ist vielleicht sogar – besonders in den letzten Jahren – häufiger, als man im allgemeinen annimmt. Bisweilen ereignet sie sich anscheinend ohne jede Vorbereitung. Häufiger geschieht es in größter Not, etwa bei zum Tode verurteilten politischen Gefangenen, die in äußerste seelische Bedrängnis kommen. Wenn sie ohne jede Vorbereitung mit Meditationsübungen geschenkt wird, so sind die Empfänger zwar hoch beglückt, wissen aber oft nicht, um was es sich eigentlich handelt, geschweige denn, wie sie damit umzugehen haben. Bisweilen begegnen sie erst nach vielen Jahren jemandem, der sie versteht und beraten kann. Das geschieht nicht selten, wenn sie auf das Zen stoßen.

Man hört gelegentlich die Frage: Wo bleibt in dieser Erfahrung der All-Einheit das Ich, dessen man sich normalerweise bewußt ist? Im Zen unterscheidet man zwischen dem kleinen und dem großen Ich. Das erstere ist das Ich, das wir meinen, wenn wir im täglichen Leben von uns sprechen. Dieses Ich verschwindet in der Erleuchtungserfahrung. Es ist nur eine Projektion, die sich in der Kindheit allmählich aufgebaut hat. Das Kleinkind macht sich dadurch bewußt, daß es von seiner Umgebung verschieden ist. Außer der Erleuchtung gibt es noch manche andere Gelegenheiten, wo das kleine Ich zeitweilig verschwindet, so etwa in der christlichen mystischen Erfahrung. Aber es erwacht wieder, wenn das Bewußtsein in seine alltägliche Verfassung zurückgekehrt ist. Erst im Augenblick des Todes erlischt dieses Ich endgültig. Anders ist es mit dem »großen« Ich. Im Zen nennt man es auch das »ursprüngliche Selbst«, das jeder Mensch schon immer hat bzw. ist, dessen er sich aber im allgemeinen nicht bewußt ist. In der Erleuchtung wird er sich nun dessen bewußt, und zwar mit unbezweifelbarer Gewißheit. Er kann dann in ganz neuem Sinn sagen: »Ich bin«. Dieses Bewußtwerden kann sich sozusagen ganz sanft vollziehen. Es kann aber auch mit solcher Vehemenz geschehen, daß der Mensch zu zerbrechen meint.

In welcher Beziehung steht nun das oben genannte absolute Sein, das in der Erleuchtung erfahren wird, zum ursprünglichen Selbst? Vom Zen her gesehen sind beide ein und dasselbe. Jede Dualität ist darin aufgehoben. Wir wissen auch von christlichen Mystikern, daß sie diese Einheit erfahren haben und, wenn sie sich darüber auszusprechen versuchten, mißverstanden wurden. Auch in anderen monotheistischen Religionen, etwa im Islam, finden sich dazu Parallelen. Doch ist hier nicht der Ort, auf dieses Problem näher einzugehen.

In der Erleuchtung oder Wesensschau, wie sie im Zen verstanden wird, muß nun zur Erfahrung des Absoluten oder des ursprünglichen Selbst noch etwas hinzukommen, nämlich die Erkenntnis, daß auch die phänomenale Welt ebenso wirklich ist wie das absolute Sein, daß also beide ein und dasselbe sind.

Das ist rational ein offenbarer Widerspruch, der nur durch ein Überschreiten des rationalen Denkens überwunden werden kann. Wir erwähnten, daß die absolute Welt nicht selten, manchmal anscheinend ganz unvorbereitet, erfahren wird. Diese Erfahrung ist jedoch, vom Zen her gesehen, nur die eine Seite der Erleuchtung. Legt man ein solches Erlebnis einem Zen-Meister zur Prüfung vor, so wird er es nur dann als Erleuchtung anerkennen, wenn beide Seiten verwirklicht sind. Natürlich ist es ein ganz wesentlicher Fortschritt, wenn schon der erste Teil erfahren wurde. Durch weiteres Üben kann auch die zweite Erkenntnis verhältnismäßig bald erlangt werden.

Wir müssen aber noch eine weitere Eigenschaft der Erleuchtung im Zen anführen. Vermutlich ist sie für Menschen, die vom neuzeitlichen Rationalismus geprägt sind, schwer verständlich. Es ist die Tatsache, daß die Zen-Erleuchtung, so stark oder tief sie auch sein mag, an keine Philosophie, Theologie oder Weltanschauung gebunden ist. Sie ist sozusagen ein reines Faktum, das aber die Kraft hat, den Menschen von aller Unruhe, Unsicherheit und Angst zu befreien. Dies wird von Menschen, die diese Erfahrung gemacht haben, immer wieder beschrieben. Allerdings kann auch eine echte Erleuchtung mehr oder weniger tief und in ihren Auswirkungen unterschiedlich sein. Letzteres hängt weitgehend davon ab, ob der Empfänger weiterübt und sein alltägliches Leben mit der Erfahrung in Übereinstimmung bringt.

Versucht man, diese Erfahrung, die eben zunächst eine reine Tatsache ist, zu deuten, so wird das Ergebnis je nach der Weltanschauung oder Religion des einzelnen verschieden sein. Das ist auch dann der Fall, wenn man sich auf die eigene Erfahrung stützen kann und nicht auf andere angewiesen ist. Sie wird anders sein, je nachdem, ob man Christ oder Buddhist ist. Der Buddhist wird das Geschehen mit Karma oder Wiedergeburt in Verbindung bringen, während der Christ es Gnade nennt. Die Erleuchtung ist an sich jedem Menschen möglich. Wenn der dafür notwendige Bewußtseinszustand erreicht ist, so findet sie statt, gleich auf welchem Weg diese Bedingungen geschaffen wurden, ob durch Veranlagung, eigenes Bemühen oder eine sonstige Kraft. Allerdings vermag auch der beste Zen-Meister nicht, diese Bedingungen mit Sicherheit zu schaffen oder seinen Schüler so zu führen, daß sie erstellt werden, selbst dann nicht, wenn ihm der Schüler unbedingte Folge leistet. Denn die Bedingungen, die für die Erleuchtung erforderlich sind, hängen noch von vielen anderen Faktoren ab, die weder der Meister noch der Schüler zu steuern vermögen. Daher sind echte Erleuchtungserfahrungen im klassischen Zen sehr selten. Das gilt auch für die Mönche in Zen-Klöstern, die ihr Leben unter eigens dafür geschaffenen Bedingungen verbringen.

Die obige Beschreibung genügt zwar nicht, um hinreichend verständlich zu machen, was das Satori ist oder gar, was es beinhaltet. Schon die Frage nach dem Inhalt des Satori ist ja falsch gestellt, weil es keinen Inhalt im gewöhnlichen Sinn hat. Doch mag diese Darstellung wenigstens manchen irrigen Vorstellungen vorgebeugt haben, die den Versuch, Erleuchtung und neues Bewußtsein in Beziehung zu setzen, von vornherein zum Scheitern verurteilen würden.

Das neue Bewußtsein

Man spricht heute viel von Bewußtseinsveränderung, nicht nur im Hinblick auf den einzelnen, sondern gleichsam im Sinn einer Mutation der Menschheit als ganzer. Bei der Verschiedenheit der Meinungen darüber, was das eigentlich bedeute, müssen wir uns zunächst darüber klarwerden, in welchem Sinn hier von einer Bewußtseinsveränderung die Rede sein soll, denn es bleibt zu erwähnen, daß auch Tiere ein ihnen eigenes Bewußtsein haben.

Die Geschichte des Bewußtseins beginnt mit dem ersten Menschen. Denn das war das ganz Neue, daß dieses Wesen ein wenn auch noch so dumpfes Bewußtsein erhielt. Dieses Bewußtsein hat sich im Laufe der Jahrtausende oder gar Millionen immer mehr intensiviert, bis es vor etwa 3000 Jahren zu dem kam, was wir das mentale Bewußtsein nennen dürfen. Es war Plato, der im Westen beim Entstehen dieses Bewußtseins eine bedeutende Rolle gespielt hat. Das geschah durch seine Konzeption der Ideen, die später zu jenen Begriffen umgeformt wurden, auf denen noch unser gegenwärtiges Denken aufbaut. Das Kennzeichen dieses Denkens ist seine abstrakte Begrifflichkeit. Zwar gab es auch vorher schon ein Denken, aber es war durch eine Polarität gekennzeichnet, mit der man die Dinge noch nicht dual, einander gegenüberstehend, endgültig festlegen konnte.

Diese mentale Festlegung der Wirklichkeit wurde erst durch das rationale, begriffliche Denken möglich, das sich, abgesehen vom alltäglichen Leben, besonders in Philosophie, Wissenschaft und Technik entfaltet hat. Wir können uns kaum vorstellen, daß dies einmal anders gewesen sein soll. Die Entdeckung des begrifflich-abstrakten Denkens war eine Befreiung und ein ungeheurer Fortschritt in der Geschichte des Menschen. Aber sie barg auch eine Gefahr in sich. Einerseits konnte der Mensch sich nun seine

eigene Welt aufbauen. Andererseits konnte er so die letzte Wirklichkeit aus den Augen verlieren, die hinter und über den Begriffen steht. Dazu entwickelte sich die im begrifflichen Denken angelegte Dualität zu jener extremen Form des Dualismus, unter dem wir heute zu leiden haben.
Schließlich glaubte der Mensch, er könne alles, was sich nicht begrifflich-exakt erfassen lasse, als nicht existent betrachten; die Folge war eine materialistische Weltanschauung. Aber das gewaltige Gebäude der wissenschaftlich-technischen Kultur, wie es mit Hilfe des begrifflichen Denkens aufgebaut werden konnte, zeigt heute seine Risse, ja droht zu zerbrechen. Trotz aller Errungenschaften leidet die Menschheit heute vielleicht mehr als je zuvor. Manchem will es scheinen, daß der Prozeß, der mit der Perfektionierung des materiellen Lebens in Gang gesetzt wurde, unaufhaltsam auf eine Weltkatastrophe zutreibt, welcher Art sie auch sein mag.
Aber gerade in dieser Zeit, wo die Situation der Menschheit aussichtslos zu sein scheint, meldet sich ein neues Bewußtsein. Vielleicht kann die Menschheit überhaupt nur durch dieses neue Bewußtsein vor dem Untergang bewahrt werden. Denn solange wir auf der Stufe des mentalen Bewußtseins stehen, bedeutet jeder Fortschritt in Wissenschaft und Technik immer auch eine neue Gefahr.
Welcher Art ist nun dieses neue Bewußtsein, und wieso kann es aus der gegenwärtigen Bedrängnis befreien? Zunächst ist zu beachten, daß die bisherigen Bewußtseinsstufen durch das neue Bewußtsein nicht eliminiert werden. Im Gegenteil: alles was durch sie geschenkt wurde, bleibt auch im neuen Bewußtsein bewahrt; und sollte etwas Wesentliches im Lauf der geschichtlichen Entwicklung vergessen worden sein, so muß es im neuen Bewußtsein von neuem belebt und aufgenommen werden. Allerdings müssen die verschiedenen Bewußtseinsstufen im rechten Verhältnis integriert werden, unter Vermeidung einseitiger Extreme, seien sie nun magisch, mythisch oder mental. Denn alle diese Bewußtseinsdimensionen gehören im rechten Maß zu einem menschlichen Wesen. So läßt sich ja die gegenwärtige

Notlage der Menschheit teilweise darauf zurückführen, daß das Echte im Magischen und Mythischen fast verschwunden ist, die Restformen dieser Bewußtseinsstufen also weitgehend dekadent geworden sind. Damit ist der Mensch der Gegenwart fast ausschließlich auf das mentale Bewußtsein angewiesen.

Das Neue, das mit dem neuen Bewußtsein hinzutritt, läßt sich als »Vierte Dimension« bezeichnen, wohingegen das mentale Bewußtsein dreidimensional ist. Die vierte Dimension ist jedoch nicht im selben Sinn Dimension wie die drei vorausgehenden. Sie ist integrierende Dimension, die das »Ganze« erfaßt und dadurch den harmonischen Gleichklang aller bisherigen Bewußtseinsdimensionen bewirkt. Dieses »Ganze« ist das eigentlich Geistige und, richtig verstanden, das Göttliche. Das heißt, daß dem, der das neue Bewußtsein wirklich integriert hat, das Göttliche mitbewußt ist. Es hat zwar schon immer Menschen gegeben, denen dieses Bewußtsein des Göttlichen für Augenblicke geschenkt wurde. Aber es waren eben doch nur kurze glückliche Augenblicke, wenn das Erlebnis auch, je nach seiner Stärke, eine gewisse dauernde Nachwirkung hatte.

Ebenso wie die vierte Dimension ist das neue Bewußtsein nicht darstellbar. Vielleicht beginnen wir dennoch zu ahnen, was mit ihm gemeint ist. Würde man versuchen, es befriedigend darzustellen, wie dies ja für die früheren Bewußtseinsstufen prinzipiell möglich ist, so müßte man sich wieder des begrifflichen Denkens bedienen, wäre also auf das mentale Bewußtsein zurückgeworfen. Lassen sich nun Auswirkungen des neuen Bewußtseins mit einiger Sicherheit voraussehen? Solche Wirkungen setzen natürlich voraus, daß das neue Bewußtsein nicht nur von einigen Menschen, sondern mehr oder weniger in die ganze Menschheit integriert ist. Ohne auf alle Möglichkeiten im einzelnen einzugehen, möchten wir nur eine erwähnen: Mit dem neuen Bewußtsein würde nämlich der Krieg als Mittel, politische Konflikte auszutragen, ein für allemal ausgeschaltet sein. Der neue Mensch wird andere, neue Wege finden, von denen wir heute noch nichts wissen – ebenso wie der Mensch des vormentalen Bewußtseins nichts von dem ahnte, was erst im mentalen Bewußtsein möglich wurde. Im neuen Bewußtsein wird sodann die Menschheit endgültig und wie von selbst eins werden. Schon dadurch können Konflikte, die heute immer wieder zu Kriegen führen, leichter vermieden werden. Das gleiche gilt für die Konflikte innerhalb der einzelnen Gesellschaften, die heute mit der Rechts- und Strafordnung nur unzureichend gedämpft werden. Der neuen Menschheit werden also, weil die Grundverfassung ihres Bewußtseins von dem der Gegenwart so verschieden ist, ganz neue Möglichkeiten offenstehen. Mancher wird es für wahrscheinlicher halten, daß die Welt in einer großen Katastrophe zugrundegeht, als daß der angedeutete Ausblick verwirklicht wird. Dagegen spricht jedoch zunächst, daß sich in der Geschichte und Vorgeschichte des Menschen wie des Kosmos ein beständiger Fortschritt beobachten läßt. Man kann hier Teilhard de Chardin zustimmen, der von der Richtung zum Punkt Omega spricht. Sodann ist bei diesem Ausblick vorausgesetzt, daß das neue Bewußtsein wirklich allgemein integriert ist. Das kann noch sehr lange dauern, kann aber auch, wenn sich die Menschheit richtig verhält, überraschend schnell geschehen.

Das Verhältnis der Zen-Erleuchtung zum neuen Bewußtsein

Der Zustand, auf den die Entwicklung asymptotisch zuläuft, läßt sich wohl in folgender Weise andeuten: Was bis heute nur wenigen geschenkt wurde, wird das Normale sein für jeden Menschen, der sich dem neuen Bewußtsein nicht widersetzt, sondern es in sein Menschsein integriert hat. Der neue Mensch wird ein Erleuchteter, christlich gesprochen ein Mystiker sein. Diese heute ganz seltene Gabe erwacht dann von selbst ohne besonderes Hinzutun von seiten des Menschen, also ohne besondere Übungen, ähnlich wie der Mensch des mentalen Bewußtseins normalerweise in einem gewissen Alter zum Gebrauch der Vernunft kommt. Mit anderen Worten, die Zen-Erleuchtung liegt eben nicht in der mentalen Ebene, sondern geht über sie hinaus.

Dabei wird immer vorausgesetzt, daß sie echt ist, also nicht nur ein Phänomen psychosomatischer Art, sondern eine Erfahrung ursprünglich geistiger Art. Wenn dem anders wäre, so ginge sie nicht über das Rationale hinaus, sondern wäre dem Irrationalen zuzuordnen und läge damit noch unterhalb des Mentalen.
Bei der Einschätzung der genannten Erfahrungen muß stets die konkrete Wirklichkeit im Auge behalten werden. Obwohl die vierte Dimension in der Mathematik und Physik, wie sie Einstein, Max Planck und Heisenberg vertreten haben, längst integriert ist, sind wir noch sehr weit davon entfernt, sie in das Bewußtsein des einzelnen Menschen aufgenommen zu haben. Aus diesem Grunde können sich auch die echten und hochwertigen Erfahrungen der Zen-Meditation einzelner nicht so voll auswirken, wie es der Fall wäre, wenn die Menschheit als ganze das neue Bewußtsein integriert hätte. Trotz dieses Hemmnisses bleibt es wahr, daß es in Vergangenheit und Gegenwart schon Menschen gab und gibt, deren tiefe Erfahrungen auf ihre Umgebung gewissermaßen ausstrahlen. Viele Menschen spüren das, obwohl sie selbst noch weit davon entfernt sind, selbst solche Erfahrungen zu machen. Vielleicht würde sich die Menschheit auch ohne besondere Erziehungs- und andere Maßnahmen allmählich in Richtung auf das neue Bewußtsein hin wandeln, wenn es mehr Menschen gäbe, von denen eine solche Ausstrahlung ausgeht.
Ich möchte nun von einigen Wirkungen sprechen, die mit dem neuen Bewußtsein gegeben sind, sich aber auch schon bis zu einem gewissen Grad in der Zen-Erleuchtung finden. Zunächst sei die Befreiung von jenem Denken in Gegensätzen, jenem extremen Dualismus genannt, der uns heute so stark belastet. Wer die Erleuchtung tief in sein Sein hineingenommen hat, lebt heute schon in einer höheren Einheit, die durch Gegensätze nicht mehr zerrissen werden kann. So wird er etwa Enttäuschungen, die unvermeidlich sind, nicht mehr so verletzend empfinden wie vorher. Desgleichen wird er von Hast und Zeitnot nicht mehr so tief betroffen, weil es für ihn nicht nur eine quantitative, sondern auch eine qualitative Zeit gibt. Er wird in etwa »zeitfrei«, was

eine typische Auswirkung des neuen Bewußtseins ist. Viele, die sich lange in der Zen-Meditation geübt haben, erfahren auch, daß Angst und Furcht sich auflösen. Solche Wirkungen sind in Zen-Kreisen wohlbekannt. Ein – logisch scheinbar widersprüchliches – Zen-Wort lautet: »Leben und Tod sind eins«. Solche Einsicht wird einem nicht aufgrund von Überlegungen zuteil, etwa durch den Gedanken, daß es eigentlich keinen Tod im Sinn völliger Vernichtung gebe, sondern von ganz anderer, rational nicht erklärbarer Seite her. Auch Beleidigungen bringen den Menschen, der aus solcher tiefer Erfahrung lebt, nicht aus der Fassung, wiewohl er sie als solche fühlt. Er empfindet eher Mitgefühl und Bedauern für den Beleidiger und trägt ihm nichts nach. Er hat die innere Freiheit, die durch das Sterben des kleinen Ich gewonnen wird. Diese Freiheit sollte jeder besitzen, der eine tiefe Erleuchtung erfahren und aufgearbeitet hat. Andernfalls kann man an seiner Erleuchtung berechtigte Zweifel haben. Denn seine Erfahrung war vielleicht ein glücklicher Augenblick, der noch eine Zeitlang nachklang, aber im Bewußtsein keine dauernde Wandlung hinterließ. Ein solcher Mensch lebt unverändert in der mentalen Dimension fort und bleibt der dualistischen Denk- und Handlungsweise unterworfen.

Eine weitere Veränderung des Bewußtseins, wie sie schon jetzt durch die Zen-Meditation erlangt werden kann, betrifft das Zeitgefühl. Bei dem Wort »Zeit« denkt man gewöhnlich an Vergangenheit, Gegenwart und Zukunft, obwohl es eigentlich doch nur Gegenwart wirklich gibt.

Es mag vielleicht scheinen, daß der Mensch nicht anders denken kann. Doch im neuen Bewußtsein fallen alle drei Zeitdimensionen zusammen. Das ist mit »Zeitfreiheit«, mit der Befreiung von Unrast und Zeitdruck gemeint, wie sie oben angesprochen wurden. Eben diese Befreiung ereignet sich schon in dem Augenblick, in dem die Erleuchtung eintritt, denn in ihm fallen alle Sorgen und Bedrängnisse ab. Der erste Mensch lebte zeitlos und ichlos; der Mensch des neuen Bewußtseins ist zeitfrei und ichfrei. Wer das integriert hat, wird nicht mehr von seinem empirischen oder kleinen Ich bedrängt oder terrorisiert.

Es dürfte deutlich geworden sein, daß die Zen-Erleuchtung zum mindesten in der Richtung auf das neue Bewußtsein hin liegt. So ist es nicht zu verwundern, daß die Übung der Zen-Meditation, die ja ein Weg zu dieser Erfahrung sein will, helfen kann, sich für das neue Bewußtsein zu öffnen. Das gilt auch für Menschen, die, ohne etwas von diesen Zusammenhängen zu ahnen, diese Meditationsweise aus anderen Motiven vollziehen.
Ich möchte dafür ein Beispiel anführen. Wer etwas mit der Heiligen Schrift vertraut ist, kann durch die Übung der Zen-Meditation einen neuen Zugang dazu gewinnen. Langgewohnte Texte werden ihm transparent und teilen ihm einen unaussprechlichen Sinn mit. Diese Transparenz ist für das neue Bewußtsein typisch. Anscheinende oder auch, auf rationaler Ebene, wirkliche Widersprüche im Text lösen sich auf, weil man zu jener unsagbaren Wirklichkeit durchblickt, die hinter dem Text steht. Diese Erfahrung ist ganz persönlicher Art und unzertrennlich mit tiefer Freude verbunden.
Man könnte gewiß noch andere Auswirkungen der Zen-Meditation und besonders einer tief angeeigneten Erleuchtung anführen. Aber alle diese Wirkungen, die schon jetzt erlangt werden können, sind nicht zu vergleichen mit dem, was der Mensch sein und erfahren wird, wenn das neue Bewußtsein vollkommen integriert ist. Wichtiger als all das schon heute zu wissen, ist wohl, daß der Mensch an die Zukunft glaubt und sich mit allen Kräften darauf einstellt. Jeder Mensch, der sich darum bemüht – es braucht ja nicht auf dem Weg des Zen zu sein –, trägt dazu bei, daß die gegenwärtige Krise der Menschheit überwunden und der Weg für eine glücklichere Menschheit frei wird.

Anmerkungen

I Zen unter Christen

[1] Es versteht sich von selbst, daß ein so weites Thema wie die Frage nach der Bedeutung östlicher Meditation im christlichen Raum in der hier gebotenen Kürze nicht erschöpfend behandelt werden kann. Es sollen nur einige Gedanken und Anregungen dazu vorgelegt werden. Für weitere Informationen sei daher kurz angegeben, worüber die bisherigen Veröffentlichungen des Verfassers handeln: *Zen – Weg zur Erleuchtung* (Wien 1960), Freiburg [7]1987, vermittelt erste Eindrücke und Erfahrungen von den in japanischen Zen-Klöstern gemachten Übungen und gibt eine erste Interpretation des Zen nebst genauen Anweisungen für den Vollzug der Zen-Meditation. – *Zen-Buddhismus* (Köln 1966), jetzt *Zen und christliche Mystik,* Freiburg 1986, bietet eine ausführliche Darstellung des Zen auf Grund weiterer Erfahrungen und Gespräche, zeigt dessen weltanschaulichen Hintergrund und historisches Werden und bringt nach einer Gegenüberstellung zu anderen buddhistischen Methoden als wichtigsten Teil eine Konfrontierung mit der christlichen Mystik. – In *Zen-Meditation für Christen,* München 1969, wurde die Möglichkeit der Verwendung des Zazen (Zen-Meditation) als christliche Meditation noch klarer herausgearbeitet, wobei die mit den Teilnehmern an mehrtägigen Zen-Übungen gehaltenen Aussprachen besonders berücksichtigt wurden. In *Meditation als Weg zur Gotteserfahrung. Eine Anleitung zum mystischen Gebet,* Köln [4]1980, wurde unter anderem versucht, das Geschehen während der Meditation durch tiefenpsychologische Erwägungen zu erhellen. In *Zen-Unterweisung,* bearbeitet und herausgegeben von *R. Ropers* und *B. Snela,* München 1987, wurden schließlich zum ersten Mal meine Teishōs für ein 7-tägiges Sesshin veröffentlicht.

[2] *C. Albrecht,* Psychologie des mystischen Bewußtseins, Bremen 1951. – *Ders.,* Das mystische Erkennen, Bremen 1958.

[3] Über die hier angedeuteten Zusammenhänge vgl. *C. von Korvin-Krasinski,* Ein Beitrag zum Thema Gott ist tot, in: Heuresis. Festschrift für Andreas Rohracher – 15 Jahre Erzbischof von Salzburg, hrsg. v. *Th. Michels,* Salzburg 1969.

[4] Vgl. auch C. von Korvin-Krasinski, Die geistige Erde, Zürich 1960.
[5] Vgl. Zen und christliche Mystik, a.a.O., 273f.
[6] Vgl. *M. Eliade,* Mythen, Träume und Mysterien, Salzburg 1966, 86f.
[7] Heft 8: Meditation, bearbeitet von *H. Gaus – A. Schlereth,* München 1971.
[8] J. Gebser, In der Bewährung, Bern 1962, 65.
[9] *Sri Aurobindo, The Life Divine,* 753f. – Vgl. *Satprem,* Sri Aurobindo. Das Abenteuer des Bewußtseins, Weilheim 1970, 236.
[10] *H. Urs von Balthasar,* Das betrachtende Gebet, Einsiedeln 1960, 272.
[11] *A. Haas,* Nim din selbes war. Studien zur Lehre der Selbsterkenntnis bei Eckhart, Tauler und Seuse, Freiburg/Schweiz 1972, 206.
[12] *H. Le Saux,* Indische Weisheit – Christliche Mystik, Luzern 1968, 120.
[13] *Vgl. K. Rahner,* Frömmigkeit heute und morgen, in: Geist und Leben, Heft 5, 1966, 396ff.
[14] *J. Gebser,* a.a.O., 64.
[15] Ebd.
[16] *K. Graf Dürckheim,* Überweltliches Leben in der Welt, Weilheim 1972, 102. – Vgl. auch *J. B. Lotz,* Meditation im Alltag, Frankfurt 1966.
[17] *J. Gebser,* a.a.O., 66.

II Zen-Erleuchtungsweg und christliche Mystik

[1] Vgl. dazu: *J. Takakusu,* The Essentials of Buddhist Philosophy, Honolulu 3. A. 1956, S. 29–56.
[2] *S. Ueda,* Die Gottesgeburt in der Seele und der Durchbruch zur Gottheit. Die mystische Anthropologie Meister Eckharts und ihre Konfrontation mit der Mystik des Zen-Buddhismus, Gütersloh 1965, S. 145ff.
[3] Näheres über das *zazen* siehe bei: *H. M. Enomiya-Lassalle,* Zen – Weg zur Erleuchtung, Wien 1960; ausführlich mit Übungen: ders., Zen-Unterweisung, München 1987.
[4] *Ui Hakuju,* Bukkyo Jiten, Tokyo, Showa 28 (1948), S. 574.
[5] Näheres siehe bei: *J. B. Lotz,* Verstand und Vernunft bei Thomas von Aquin, Kant und Hegel, Wissenschaft und Weltbild, H. Sept.-Dez. 1952, S. 193ff.

[6] *Dōgen,* Shōbōgenzō, Shoji.

[7] Paedag. VII, 10. Vgl. *O. Karrer,* Der mystische Strom von Paulus bis Thomas von Aquin, München 1925, S. 64 ff.

[8] Strom. VII, 1. Vgl. *O. Karrer,* a.a.O.

[9] *Gregor von Nyssa,* In Canticum Canticorum 888M–896M: *Gregorii Nysseni,* Opera, ed. von *W. Jaeger,* Vol. VI, bearb. von *H. Langerbeck.* Leiden 1960, 174–184; zitiert nach *O. Karrer,* Der mystische Strom. München 1926, 218 f.

[10] Zitiert nach *O. Karrer,* Strom, 229.

[11] *Richard von St. Viktor,* Ben.Maj.II, 13: PL 196, 90 f.; zitiert nach: Die Viktoriner. Mystische Schriften, ausgew. und übertragen von *P. Wolff/H. Rosenberg.* Wien 1936, 229.

[12] *Bonaventura,* I. Buch der Sentenzen, 2. Distinctio; siehe: *Alois Mager,* Mystik als Lehre und Leben, Innsbruck 1934, 344.

[13] *Bonaventura,* Itinerarium mentis VII, 6; zitiert nach *Bonaventura,* Itinerarium mentis in deum. De reductione artium ad theologiam. Pilgerbuch der Seele zu Gott. Die Zurückführung der Künste auf die Theologie. Eingel., übers. und erl. von *J. Kaup.* München 1961, 153 f.

[14] *Meister Eckehart,* Beati pauperes spiritu, Predigt 32; zitiert nach: Meister Eckehart. Deutsche Predigten und Traktate, hrsg. und übers. von *J. Quint* (= Diogenes Taschenbuch 202). München 1979, 304.

[15] *Richard von St. Viktor,* Ben.Maj. I, 6: PL 196, 70 f.; zitiert nach: *P. Wolff/H. Rosenberg,* Viktoriner, 205–207.

[16] Ebd.

[17] Ebd.

[18] *Johannes Tauler,* Die zweite Bekehrung; zitiert nach: *J. Weilner,* Johannes Taulers Bekehrungsweg. Die Erfahrungsgrundlagen seiner Mystik (= Studien zur Geschichte der katholischen Moraltheologie 10). Regensburg 1961, 188 f.

[19] *Johannes Tauler,* 18. Predigt (Christi Himmelfahrt I): *ders.,* Predigten I. Vollständige Ausgabe, übertragen und hrsg. von *G. Hofmann* (= Christliche Meister 2). Einsiedeln 1979, 125.

[20] Ebd. 125 f.

[21] Ebd. 126.

[22] *Ders.,* 44. Predigt (Fest des hl. Johannes des Täufers II): *ders.,* Predigten II (= Christliche Meister 3). Einsiedeln 1979, 338 f.

[23] *Ders.,* Der Seelengrund; zitiert nach: *J. Weilner,* Bekehrungsweg, 123.

[24] *Johannes Tauler,* 28. Predigt (Fest der Heiligen Dreifaltigkeit I): *ders.,* Predigten, I, 196f.

[25] *Ders.,* 1. Predigt (Weihnachtsfest): *ders.,* Predigten I, 16.

[26] *Ders.,* 44. Predigt: *ders.,* Predigten II, 341f.

[27] *Johannes vom Kreuz,* Verstand und Glaube in ihrer Beziehung zu den Sinneswahrnehmungen: Aufstieg zum Berge Karmel, übers. von *P. Ambrosius/A. S. Theresia* (= Sämtliche Werke I). München 1927, 127–129.

[28] Ebd. 127.

[29] Zitiert nach H. M. Enomiya-Lassalle, Zen und christliche Mystik, Freiburg 1986, 403.

[30] *Richard von St. Viktor,* Ben.Min. 71: PL 196, 51: zitiert nach: *P. Wolff/H. Rosenberg,* Viktoriner, 174f.

[31] *Ders.,* Ben.Maj. III, 5: PL 196, 115; zitiert nach: *P. Wolff/H. Rosenberg,* Viktoriner, 242f.

[32] *Johannes Tauler,* Der Seelengrund; zitiert nach: *J. Weilner,* Bekehrungsweg, 108.

[33] Ebd. 109.

[34] *Johannes Tauler,* Die zweite Bekehrung; zitiert nach: *J. Weilner,* Bekehrungsweg, 173.

[35] *Bonaventura,* I. Buch der Sentenzen, 2. Dist.

[36] *Bonaventura,* Itinerarium mentis, VII, 5.

[37] Die Wolke des Nichtwissens, Einsiedeln 1958.

[38] Die Wolke des Nichtwissens, a.a.O., S. 73.

[39] Zitiert nach *H. M. Enomiya-Lassalle,* Zen und christliche Mystik, a.a.O., 396.

[40] Ebd. 397.

[41] *Jan van Ruysbroek,* Dat Boecsken der Verclaringhe: *ders.,* Werken III. Tielt 1947, 282; zitiert nach: *J. van Ruysbroek,* Die Zierde der geistlichen Hochzeit und die kleineren Schriften, hrsg. und übertragen von *F. M. Huebner.* Leipzig 1924, 73f.

[42] *Ders.,* Die Gheestelike Brulocht: *ders.,* Werken I. Tielt 1944, 241f.; zitiert nach: *F. M. Huebner (Hrsg.), Zierde, 383f.*

[43] Ebd.

[44] *Johannes Tauler,* 8. Predigt (Freitag nach dem 1. Fastensonntag): *ders.,* Predigten I, 57f.

[45] *A. Dempf,* Meister Eckhart, Freiburg 1960, S. 149.

[46] Ebd., S. 154.

[47] Aufstieg zum Karmel, *P. Ambrosius A. S., Theresia O. C. D.,* Regensburg 1937.

[48] Für eine ausführlichere Konfrontierung von Johannes vom Kreuz mit

dem Zen siehe: *H.M. Enomiya-Lassalle,* Zen und christliche Mystik, a.a.O., 407–433

[49] Zitiert nach *H.M. Enomiya-Lassalle,* Zen und christliche Mystik, a.a.O., 404f.

[50] Ebd.

[51] *Johannes Tauler,* Die zweite Bekehrung; zitiert nach: *J. Weilner,* Bekehrungsweg, 171 Anm. 539.

[52] *J. Tyciak,* Morgenländische Mystik, Düsseldorf 1949, S. 43ff.

[53] Aus: Das Herzensgebet. Mystik und Yoga der Ostkirche, München–Planegg 1957, 80/1.

[54] Ebd., 92.

[55] Ebd., 101.

[56] Wie *H. de Lubac,* z. B. Die Freiheit der Gnade, Einsiedeln 1971, und *K. Rahner,* z. B. Hörer des Wortes. Zur Grundlegung einer Religionsphilosophie. Neu bearbeitet von *J. B. Metz,* München 1963, einleuchtend bewiesen haben, kann man weder im Christentum noch in nichtchristlichen Religionen diese zwei Bereiche: Natur – Gnade säuberlich trennen. Die ganze Menschheit gehört von der Schöpfung her zur einheitlichen begnadeten Natur. Da es keine »reine Natur« gibt, kann man aus den sogenannten »natürlichen« Handlungen und Begebenheiten eines jeden Menschen die Gnade nicht ausschließen, braucht man aber auch nicht die unbegrenzten Möglichkeiten des Menschen sofort mit »Gnade« als punktuelle, direkte Intervention Gottes zu erklären. Dies gilt auch für christliche Mystik und Zen-Erleuchtung.

[57] *Ignatius von Loyola,* Der Bericht eines Pilgers, Burkhart Schneider, Freiburg 1956.

[58] *C. G. Jung,* Ges. W. Vorwort zu: Suzuki Die große Befreiung, 11. Bd., Zürich 1963, S. 597.

III Zazen und die Exerzitien des Ignatius von Loyola

[1] Vgl. *Ignatius von Loyola,* Der Bericht des Pilgers, Freiburg 1956, 41.

[2] Ebd., 100.

[3] Ebd., 125f.

[4] Ebd., 46.

[5] Ebd., 51.

[6] Ebd., 55f.

[7] Ebd., 86.

[8] *Ignatius von Loyola,* Geistliche Übungen. Übertragung und Erklärung von Adolf Haas. Mit einem Vorwort von Karl Rahner, Freiburg [7]1985, 15. Weitere Zitate werden im laufenden Text mit den Nummern belegt, die sich am Rand des Textes in dieser Auflage befinden.

Nachweis der Veröffentlichungen

I. Zen unter Christen
Der I. Teil ist eine neubearbeitete Fassung des vergriffenen Buches: Zen unter Christen. Östliche Meditation und christliche Spiritualität, Verlag Styria, Graz/Wien/Köln ^{2}1974.

II. Zen Erleuchtungsweg und christliche Mystik
Der II. Teil besteht aus zusammengefaßten, revidierten, neubearbeiteten und durch neue Teile ergänzten Beiträgen: – Erleuchtungsweg des Zen-Buddhismus und christliche Mystik, in: Abendländische Therapie und östliche Weisheit. Ein Tagungsbericht, hrsg. von Wilhelm Bitter, Ernst Klett Verlag, Stuttgart 1968, S. 81–107, 114–118, 212, 219 (vergriffen).
– Gedanken zu Zen und christlicher Mystik, in: Fernöstliche Weisheit und christlicher Glaube (FS Heinrich Dumoulin SJ), hrsg. von Hans Waldenfels und Thomas Immoos, Matthias-Grünewald-Verlag, Mainz 1985, S. 79–90.

III. Zazen und die Exerzitien des Ignatius von Loyola
Der III. Teil ist eine neubearbeitete Fassung des vergriffenen Buches: ZAZEN und die Exerzitien des heiligen Ignatius. Einübung in das wahre Dasein, Verlag J.P. Bachem, Köln 1975.
Texte der Exerzitien aus: Ignatius von Loyola, Geistliche Übungen. Übertragung und Erklärung von Adolf Haas. Mit einem Vorwort von Karl Rahner, Herder, Freiburg/Basel/Wien ^{7}1985.

Ausblick: Zen und das neue Bewußtsein
Erstveröffentlichung

Hugo M. Enomiya-Lassalle

ZEN Unterweisung

Bearbeitet und herausgegeben
von Roland Ropers und Bogdan Snela
120 Seiten. Gebunden

Seit fast 50 Jahren praktiziert der Jesuit Hugo M. Enomiya-Lassalle die ZEN-Meditation. Seit über 20 Jahren leitet er in Japan und Europa Meditationskurse. Tausende haben daran teilgenommen, auch spätere ZEN-Meister und -Lehrer.
Wie kaum ein anderer ist Enomiya-Lassalle bemüht, die östliche und westlich-christliche Mystik zu integrieren. Dank dieser erstaunlichen Synthese wurde er zu einem der einflußreichsten Wegbereiter dieses neuen integralen Bewußtseins. Dieses Buch veröffentlicht zum ersten Mal die vollständigen siebentägigen Unterweisungen des Meisters während der ZEN-Kurse. Sie geben authentisch Einblick in die Praxis und die Ziele der ZEN-Meditation: In das Sitzen (Zazen), Atmen, Schweigen, Koan-Lösen, in das persönliche Gespräch mit dem Meister (Dokusan), in den Weg der Versenkung, in das Verbindende zwischen der christlichen Kontemplation und der östlich verstandenen Erleuchtung.

Ein Standardwerk der ZEN-Meditation – nicht nur für Anfänger hilfreich, sondern grundlegend für jeden, der sich auf die tiefen Erfahrungen östlicher und westlicher Mystik einläßt.

Kösel-Verlag